AF313095

ESSAY
DE
COSMOLOGIE

par M. de MAUPERTUIS.

Mens agitat Molem.
Æneid. Lib. VI.

M DCC L.

AVERTISSEMENT.

Ans tous les tems il s'est trouvé des Philosophes qui ont entrepris d'expliquer le Système du Monde. Mais sans parler des Philosophes de l'Antiquité qui l'ont tenté, si un Descartes y a si peu réussi ; si un Newton y a laissé tant de choses à désirer, quel sera l'homme qui osera l'entreprendre ? ces voyes si simples, qu'a suivies dans ses productions le Createur, deviennent pour nous des labyrinthes dès que nous y voulons porter nos pas. Il nous a accordé une lumière suffisante pour tout ce qui nous étoit utile, mais il semble qu'il ne nous ait permis de voir que dans l'obscurité le reste de son Plan.

Ce

Ce n'eſt pas qu'on ne ſoit parvenu à lier enſemble pluſieurs phénomènes, à les déduire de quelque phénomène antérieur, & à les ſoûmettre au calcul: Sans doute même les tems & l'expérience formeront dans ce genre quelque choſe de plus parfait que tout ce que nous avons. Mais un Syſtème complet, je ne crois pas qu'il ſoit permis de l'eſpérer: jamais on ne parviendra a ſuivre l'ordre & la dépendance de toutes les parties de l'Univers. Ce que je me ſuis propoſé ici eſt fort différent; je ne me ſuis attaché qu'aux prémiers principes de la Nature: qu'à ces loix que nous voyons ſi conſtamment obſervées dans tous les phénomènes, & que nous ne pouvons pas douter qui ne ſoyent celles que l'Etre ſuprème s'eſt propoſées dans la formation de l'Univers. Ce ſont ces loix que jè m'applique à découvrir, & à puiſer dans la ſource infinie de ſageſſe d'où elles ſont émanées: je ſerois plus flatté d'y avoir réuſſi, que ſi j'étois parvenu par les cal-

culs

culs les plus difficiles à en suivre les effets dans tous les détails.

Cependant je donne ensuite une exposition du Système du monde , mais que je ne présente que comme un Tableau , & non comme une Explication.

Il y a sans doute un grand intervalle entre ces deux parties de mon ouvrage ; & que je n'espère pas de voir jamais bien rempli ; j'ai seulement tâché de rendre chacune la moins imparfaite qu'il m'étoit possible : Dans l'une j'ai tâché de pénétrer jusqu'aux prémières raisons sur lesquelles les loix de la Nature étoient fondées : Dans l'autre j'ai tâché de bien peindre les phénomènes de l'Univers.

Comme le but principal de cet ouvrage est la connoissance de l'Etre suprème , j'examine dans l'Avantpropos les preuves de son Existence que différents

                    Auteurs

Auteurs ont voulu déduire des *Merveilles de la Nature.* Cet *Avantpropos* avec la prémière partie a déja été imprimé dans le second *Tome des Mémoires de l'Academie Royale des Sciences* & *Belles Lettres de Prusse.* Quelques personnes ont paru blessées de quelques reflexions qui s'y trouvent, je ne saurois mieux lever leur scrupule qu'en les reproduisant à leurs yeux, & les priant de les examiner avec *plus* d'attention & *plus* d'équité qu'ils n'ont fait.

Ils ont représenté mon dessein comme s'il eut été d'étouffer les preuves de l'existence de Dieu que la *Nature* fournit. Ils verront que tout ce que j'ai dit c'est, qu'on a trop multiplié ces preuves, qu'on a quelquefois pris pour des preuves ce qui n'en étoit point; & que je conseille de chercher la *Démonstration de l'Existence de l'Etre suprème* dans les *Phénomènes universels de la Nature* plûtôt que dans

ses

ses petits détails. J'ai fait grace a ces Critiques & au Lecteur, en ne citant pas les raisonnemens indécens ou puerils dont leurs Auteurs sont remplis.

Un autre point sur lequel roule leur critique , & c'est peut-être celui qu'ils me pardonnent le moins , c'est ce que j'ai dit sur l'abus que quelques uns ont fait de la méthode des Géometres dans plusieurs matières qui n'en étoient pas susceptibles. Ils doivent encore me savoir gré de n'avoir pas cité sur cela les exemples ridicules que je pouvois citer.

Quant au fond du sujet que je traitte, au Principe que j'établis comme le Principe fondamental des Loix du Mouvement & du Repos, je souhaiterois que ceux qui en ont parlé fussent moins ignorans ou de meilleure foy; ils ont cru, ou ont voulu faire croire, que tout ce que j'avois fait, n'étoit qu'avoir re-

A 4

battu

battu ce qu'on savoit déja. Que la Nature agit toûjours par les voyes les plus simples. *Ils verroient que ce prétendu Axiome, qui n'en est un qu'autant que l'existence de Dieu est déja prouvée, ils verroient, dis-je, que cet Axiome est si vague, qu'on n'a pû encore jusqu'ici déterminer en quoi consiste son application.*

Il s'agissoit de tirer toutes les Loix du Mouvement & du Repos d'un seul Principe métaphysique ; & de très grands Philosophes l'avoient entrepris.

Descartes s'y trompa, c'est assés dire que la chose étoit difficile : il crut que dans la *Nature* La même quantité de Mouvement se conservoit toûjours. *C'est à dire, qu'à la rencontre des différentes parties de la matière, la* Modification du Mouvement *étoit telle que toutes les masses multipliées chacune*

par

par fa vîteffe, formoient toûjours une même Somme. Il déduifit de là fes Loix du Mouvement : & l'expérience les démentit ; parceque le Principe n'eft pas vrai.

Leibnitz en prit un autre. C'eft que, La Somme des Maffes, multipliées chacune par le quarré de fa vîteffe demeuroit toûjours la même. Ce Théorème qu'on appelle La Confervation des Forces vives, étoit plûtôt une fuite de quelques Loix du Mouvement qu'un véritable Principe : & Leibnitz, qui a toûjours promis de l'établir à priori, ne l'a jamais fait. Cette confervation a lieu dans le Choc des corps élaftiques ; mais comme elle ne l'a plus dans le Choc des corps durs, les Leibnitziens ont été reduits à dire qu'il n'y avoit point de corps durs dans la Nature : c'eft à dire, à exclure de la

Nature

Nature les seuls Corps peut-être qui y soyent. Prendra-t-on maintenant un tel Théorème pour un Principe universel?

Les plus habiles Mathématiciens sont tombés dans des embarras dont ils n'ont pû sortir, lorsqu'ils ont voulu appliquer aux Phénomènes de la Dioptrique le Principe de la plus grande simplicité des moyens. On pourra en voir l'histoire dans un mémoire que je lus autrefois à l'Académie R^{le.} des Sciences de France*, ou plus au long dans un Mémoire de M. de Mayran. **

Voilà tout ce que j'avois à dire. Si dans les Critiques qui ont parû, ou qui paroîtront, on trouve quelques expressions peu mesurées, qui soyent échappées à un Zèle superstitieux ou a un esprit de parti, elles ne méritent pas que j'y fasse attention.

* Ce Mémoire a été inseré à la fin de cet Ouvrage.
** Mem. de l'Acad. Rle. des Sciences. Année 1723. pag. 370.

ESSAY

DE

COSMOLOGIE.

ESSAY DE COSMOLOGIE.

AVANT-PROPOS.

Où l'on examine les preuves de l'existence de Dieu, tirées des Merveilles de la Nature.

SOit que nous demeurions renfermés en nous mêmes, soit que nous en sortions pour parcourir les merveilles de l'Univers, nous trouvons tant de preuves de l'existence d'un Etre tout puissant & tout sage, qu'il est en quelque sorte plus nécessaire d'en diminuer

minuer le nombre que de cher-cher à l'augmenter : qu'il faut du moins faire un choix entre ces preuves, examiner leur force ou leur foibleſſe, & ne donner à chacune que le poids qu'elle doit avoir : car on ne peut faire plus de tort à la vérité, qu'en voulant l'appuyer ſur de faux raiſon-nemens.

Je n'examine point ici l'ar-gument qu'on trouve dans l'idée d'un Etre infini ; dans cette idée trop grande pour que nous la puiſſions tirer de nôtre propre fond, ou d'aucun autre fond fini,

& qui

& qui paroît prouver qu'un Etre infiniment parfait exiſte.

Je ne citerai point ce conſentement de tous les hommes ſur l'exiſtence d'un Dieu, qui a parû une preuve ſi forte au Philoſophe de l'ancienne Rome. * Je ne diſcute point , s'il eſt vrai qu'il y ait quelque peuple qui s'écarte des autres ſur cela ; ſi une poignée d'hommes qui penſeroient autrement que tous les autres habitans de la terre, pourroient faire une exception ; ni ſi la diverſité qui peut ſe trouver

dans

* *Cicer. Tuſcul. L.* 3.

dans les idées, qu'ont de Dieu tous ceux qui admettent fon exiftence, empêcheroit de tirer grand avantage de ce confentement.

Enfin je n'infifterai point fur ce qu'on peut conclure de l'intelligence que nous trouvons en nous mêmes, de ces étincelles de fageffe & de puiffance que nous voyons répandues dans les Etres finis; & qui fuppofent une fource immenfe & éternelle d'où elles tirent leur origine.

Tous ces argumens font très forts :

forts : mais ce ne font pas ceux de cette efpèce que j'examine.

De tout tems ceux qui fe font appliqués à la contemplation de l'Univers , y ont trouvé des marques de la fageffe & de la puiffance de celui qui le gouverne. Plus l'étude de la Phyfique a fait de progrès, plus ces preuves fe font multipliées. Les uns frappés confufément des caractères de Divinité qu'on trouve à tous momens dans la Nature ; les autres par un zèle mal à propos religieux , ont donné à quelques preuves plus de force

B   qu'elles

qu'elles n'en devoient avoir ; & quelquefois ont pris pour des preuves, ce qui n'en étoit pas.

Peut-être feroit il permis de fe relacher fur la rigueur des argumens, fi l'on manquoit de raifons pour établir un Principe utile : mais ici les argumens font affés forts ; & le nombre en eft affés grand pour qu'on puiffe en faire l'examen le plus rigide & le choix le plus fcrupuleux.

Je ne m'arrêterai point aux preuves de l'exiftence de l'Etre fuprème , que les Anciens ont tirée de la beauté , de l'ordre , & de l'arrangement de l'Univers.

On

On peut voir celles que Ciceron rapporte *, & celles qu'il cite d'après Ariſtote **. Je m'attache à un Philoſophe , qui par ſes grandes découvertes étoit bien plus qu'eux à portée de juger de ces merveilles , & dont les raiſonnemens ſont bien plus précis que tous les leurs.

Newton paroît avoir été plus touché des preuves qu'on trouve dans la contemplation de l'Univers , que de toutes les autres qu'il auroit pû tirer de la profondeur de ſon eſprit.

B 2   Ce

---

* *Tuſcul. L.* 28. & 29.
** *De Nat. Deor. II.* 37. 38.

Ce grand homme a crû, *

que les mouvemens des corps céleftes demontroient affés l'exiftence de celui qui les gouverne. Six
Planetes , *Mercure* , *Venus* , *la
Terre* , *Mars* , *Jupiter* , & *Saturne* , tournent autour du Soleil.
Toutes fe meuvent dans le même
fens , & décrivent des orbes à
peu près concentriques : pendant
qu'une autre efpèce d'Aftres , *les
Cométes* , décrivent des orbes fort
différens , fe meuvent dans toutes
fortes de directions , & parcourent toutes les régions du Ciel.
Newton a crû qu'une telle uniformité ne pouvoit être que l'effet

de

* *Newt. Opticks III. Book. Query* 31.

de la volonté d'un Etre suprème. Des objets moins élevés ne lui ont pas parû fournir des argumens moins forts. L'Uniformité obfervée dans la conftruction des Animaux, leur organifation merveilleufe & remplie d'utilités, étoient pour lui des preuves convainquantes de l'exiftence d'un Créateur tout puiffant & tout fage.

Une foule de Phyficiens, après Newton, ont trouvé Dieu dans les Aftres, dans les Infectes, dans les Plantes, dans l'Eau. *

B 3

Ne

---

* *Theol. Aftron.* de Derham. *Theol. Phyfiq. du même. Theol. des Infectes de Leffer. Theol. de l'Eau de Fabricius.*

Ne diffimulons point la foibleffe de quelques uns de leurs
raifonnemens : & pour mieux
faire connoître l'abus qu'on a fait
des preuves de l'exiftence de
Dieu , examinons celles même
qui ont parû fi fortes à Newton.

L'Uniformité , dit-il , du
mouvement des Planetes prouve
néceffairement un choix. Il n'é-
toit pas poffible qu'un deftin a-
veugle les fit toutes mouvoir dans
le même fens , & dans des orbes
à peu près concentriques.

Newton pouvoit ajouter à
cette uniformité du mouvement
des Planetes ; qu'elles fe meu-

vent

vent toutes prefque dans le même plan. La Zone dans la quelle tous les orbes font renfermés, ne fait qu'à peu près la 17me. partie de la furface de la Sphère. Si l'on prend donc l'orbe de la Terre pour le plan au quel on rapporte les autres, & qu'on regarde leur pofition comme l'effet du hazard, la probabilité, que les cinq autres orbes ne doivent pas être renfermés dans cette Zone, eft de 17^{5}—1 à 1 ; c'eft à dire, de 1419856 à 1.

Si l'on conçoit comme Newton, que tous les corps céleftes, attirés vers le Soleil, fe meuvent dans le vuide ; il eft

vrai

vrai qu'il n'étoit guères probable que le hazard les eut fait mouvoir comme ils se meuvent : Il y restoit cependant quelque probabilité , & dès lors on ne peut pas dire que cette uniformité soit l'effet necessaire d'un choix.

Mais il y a plus : l'alternative d'un choix ou d'un hazard extrème , n'est fondée que sur l'impuissance , où étoit Newton , de donner une cause physique de cette uniformité. Pour d'autres Philosophes qui font mouvoir les Planetes dans un Fluide qui les emporte , ou qui seulement modère leur mouvement , l'uniformité de leur cours ne paroît point inexpli-

inexplicable : elle ne fuppofe plus ce fingulier coup du hazard , ou ce choix , & ne prouve pas plus l'exiftence de Dieu , que ne feroit tout autre mouvement imprimé à la Matière. *

Je ne fai fi l'argument , que Newton tire de la conftruction des Animaux , eft beaucoup plus fort. Si l'uniformité, qu'on obferve dans plufieurs , étoit une preuve ; cette preuve ne feroit elle pas démentie par la varieté infinie qu'on obferve dans plufieurs autres ? Sans fortir des mêmes Elémens , que l'on compare

un

* *Voyés la Piece de M. Dan. Bernoulli fur l'inclin. des plans des orbites des Planetes qui remporta le prix de l'Acad. des Sc. de France 1734.*

un Aigle avec une Mouche, un Cerf avec un Limaçon, une Baleine avec une Huître; & qu'on juge de cette uniformité. En effet d'autres Philofophes veulent trouver une preuve de l'exiftence de Dieu dans la varieté des formes, & je ne fai lesquels font les mieux fondés.

L'Argument tiré de la convenance des différentes parties des Animaux avec leurs befoins paroît plus folide. Leurs pieds ne font ils pas faits pour marcher, leurs ailes pour voler, leurs yeux pour voir, leur bouche pour manger, d'autres parties pour reproduire leurs femblables ? Tout cela ne

marque

marque-t-il pas une intelligence & un deſſein qui ont préſidé à leur conſtruction ? Cet argument avoit frappé les Anciens comme il a frappé Newton : & c'eſt en vain que le plus grand ennemi de la Providence y répond, que l'uſage n'a point été le but, qu'il a été la ſuite de la conſtruction des parties des Animaux : que le hazard ayant formé les yeux, les oreilles, la langue, on s'en eſt ſervi pour voir, pour entendre, pour parler. *

Mais ne pourroit-on pas dire, que dans la combinaiſon fortuite des productions de la Nature,

* *Lucret. Lib. IV.*

re , comme il n'y avoit que celles où fe trouvoient certains rapports de convenance , qui puffent fubfifter , il n'eft pas merveilleux que cette convenance fe trouve dans toutes les efpèces qui actuellement exiftent ? Le hazard, diroit-on, avoit produit une multitude innombrable d'Individus ; un petit nombre fe trouvoit conftruit de manière que les parties de l'Animal pouvoient fatisfaire à fes befoins ; dans un autre infiniment plus grand , il n'y avoit ni convenance , ni ordre : tous ces derniers ont péri : des Animaux fans bouche ne pouvoient pas vivre , d'autres qui manquoient

quoient d'organes pour la génération ne pouvoient pas se perpétuer ; les seuls qui soyent restés, sont ceux où se trouvoient l'ordre & la convenance : & ces espèces que nous voyons aujourd'hui, ne sont que la plus petite partie de ce qu'un destin aveugle avoit produit.

Presque tous les Auteurs modernes qui ont traité de la Physique ou de l'Histoire naturelle, n'ont fait qu'étendre les preuves qu'on tire de l'organisation des Animaux & des Plantes ; & les pousser jusques dans les plus petits détails de la Nature. Pour ne pas citer des exemples trop indécens,

cens ,

cens , qui ne feroient que trop communs , je ne parlerai que de celui * qui trouve Dieu dans les plis de la peau d'un Rhinoceros ; parceque cet Animal étant couvert d'une peau très dure , n'auroit pas pû fe remuer fans ces plis. N'eft ce pas faire tort à la plus grande des verités , que de la vouloir prouver par de tels argumens ? Que diroit-on de celui qui nieroit la Providence , parceque l'écaille de la Tortue n'a ni plis , ni jointures ? Le raifonnement de celui qui la prouve par la peau du Rhinoceros , eft de la même force : laiffons ces bagatelles

* *Philof. Tranfact. N°. 470.*

telles à ceux qui n'en ſentent pas la frivolité.

Une autre eſpèce de Philoſophes tombe dans l'extrémité oppoſée. Trop peu touchés des marques d'Intelligence & de Deſſein qu'on trouve dans la Nature, ils en voudroient bannir toutes les cauſes finales. Les uns voient la ſuprème Intelligence par tout ; les autres ne la voient nullepart : ils croient qu'une Méchanique aveugle a pû former les corps les plus organiſés des Plantes & des Animaux , & opérer toutes les merveilles que nous voyons dans l'Univers. *

On

* *Deſcartes Princip. L'Homme de Deſcartes.*

On voit par tout ce que nous venons de dire , que le grand argument de Defcartes, tiré de l'idée que nous avons d'un Etre parfait, ni peut-être aucun des argumens métaphyſiques dont nous avons parlé , n'avoit pas fait grande impreſſion ſur Newton : & que toutes les preuves que Newton tire de l'uniformité & de la convenance des différentes parties de l'Univers, n'auroient pas parû des preuves à Defcartes.

Il faut avoüer qu'on abuſe de ces preuves : les uns en leur donnant plus de force qu'elles n'en ont ; les autres en les multipliant trop. Les corps des Animaux

Animaux & des Plantes font des machines trop compliquées, dont les dernières parties échappent trop à nos fens, & dont nous ignorons trop l'ufage & la fin, pour que nous puiffions juger de la fageffe & de la puiffance qu'il a fallu pour les conftruire : Si quelques unes de ces Machines paroiffent pouffées à un haut degré de perfection, d'autres ne femblent qu'ébauchées. Plufieurs pourroient paroître inutiles ou nuifibles, fi nous en jugions par nos feules connoiffances ; & fi nous ne fuppofions pas déja que c'eft un Etre tout fage & tout

C

puiffant

puiſſant qui les a miſes dans l'U-
nivers.

Que ſert-il, dans la con-
ſtruction de quelqu'Animal, de
trouver des apparences d'ordre &
de convenance, lorſqu'après nous
ſommes arrêtés tout à coup par
quelque concluſion facheuſe ? Le
ſerpent, qui ne marche ni ne
vole, n'auroit pû ſe dérober à
la pourſuite des autres Animaux,
ſi un nombre prodigieux de ver-
tebres ne donnoit à ſon corps
tant de flexibilité, qu'il rampe
plus vite que pluſieurs Animaux
ne marchent : il ſeroit mort de
froid pendant l'hyver, ſi ſa forme

me longue & pointue ne le rendoit propre à s'enfoncer dans la Terre ; il fe feroit bleffé en rampant continuellement, ou dechiré en paffant par les trous où il fe cache , fi fon corps n'eut été couvert d'une peau lubrique & écailleufe : tout cela n'eft-il pas admirable ? Mais à quoi tout cela fert-il ? à la confervation d'un Animal dont la dent tue l'homme. Oh ! replique-t-on , vous ne connoiffés pas l'utilité des Serpens : ils étoient apparemment néceffaires dans l'Univers : ils contiendront des remèdes excellents qui vous font inconnus. Taifons nous donc : ou du moins n'admirons pas un fi grand appareil dans un Animal que nous ne connoiffons que comme nuifible.

Tout eft rempli de femblables raifonnemens dans les Ecrits des Naturaliftes. Suivés la produ&ion d'une Mouche, ou d'une Fourmi : ils vous font admirer les foins de la Providençe pour les oeufs de l'infe&e ; pour la nourriture des petits ; pour l'Animal renfermé dans les langes de la Chryfalide ; pour le développement de fes parties dans fa métamorphofe : tout cela aboutit, à produire un infe&e ; in-

commo-

commode aux hommes, que le premier oiseau devore, ou qui tombe dans les filets d'une Araignée.

Pendant que l'un trouve ici des preuves de la sagesse & de la puissance du Créateur, ne seroit-il pas à craindre que l'autre n'y trouvât de quoi s'affermir dans son incrédulité?

De très grands Esprits, aussi respectables par leur pieté que par leurs lumières *, n'ont pû s'empêcher d'avoüer, que la convenance & l'ordre ne paroissent pas si exactement observés dans

C 3 l'Uni-

* *Medit. Chret. & Metaph. du P. Malebranche. Medit. VII.*

l'Univers , qu'on ne fût embar-
raffé pour comprendre comment
ce pouvoit être l'Ouvrage d'un
Etre tout fage & tout puiffant.
Le mal de toutes les efpèces , le
défordre , le crime , la douleur ,
leur ont paru difficiles à con-
cilier avec l'Empire d'un tel Maî-
tre.

Regardés , ont-ils-dit , cette
Terre ; les mers en couvrent la
moitié : dans le refte , vous ver-
rés des rochers efcarpés , des régions glacées , des fables bru-
lans. Examinés les moeurs de
ceux qui l'habitent ; vous trouverés le menfonge , le vol , le
meur-

meurtre , & par tout les vices plus communs que la vertu. Parmi ces Etres infortunés , vous en trouverés plufieurs defefperés dans les tourmens de la goutte & de la pierre ; plufieurs lan- guiffans dans d'autres infirmités que leur durée rend infupporta- bles ; prefque tous accablés de foucis & de chagrins.

Quelques Philofophes paroif- fent avoir été tellement frappés de cette vûë , qu'oubliant toutes les beautés de l'Univers , ils n'ont cherché qu'à juftifier Dieu d'avoir créé des chofes fi imparfaites. Les uns , pour conferver fa Sa-
geffe ,

geſſe , ſemblent avoir diminué ſa puiſſance ; diſant *qu'il a fait tout ce qu'il pouvoit faire de mieux* : * qu'entre tous les Mondes poſſibles , celuici , malgré ſes défauts , étoit encore le meilleur. Les autres , pour conſerver la puiſſance , ſemblent faire tort à la ſageſſe. *Dieu* , ſelon eux , *pouvoit bien faire un Monde plus parfait que celui que nous habitons : mais il auroit fallu qu'il y employât des moiens trop compliqués ; & il a eu plus en vuë la manière dont il opéroit , que la perfection de l'Ouvrage.* ** Ceux ci ſe ſervent de l'Exem-

* *Leibnitz. Theod. II. part. N. 224. 225.*
** *Malebranche Medit. Chret. & Metaph. VII.*

l'Exemple du Peintre , qui crut qu'un Cercle tracé fans compas prouveroit mieux fon habileté , que n'auroient fait les figures les plus compofées & les plus régulières , décrites avec des inftrumens.

Je ne fai fi aucune de ces réponfes eft fatisfaifante : mais je ne crois pas l'objection invincible. Le vrai Philofophe ne doit , ni fe laiffer éblouïr par les parties de l'Univers où brillent l'ordre & la convenance , ni fe laiffer ébranler par celles où il ne les découvre pas. Malgré tous les défordres qu'il remarque dans la natu-

re ,

re, il y trouvera affés de caractères de la fageffe & de la puiffance de fon Auteur, pour qu'il ne puiffe le méconnoître.

Je ne parle point d'une autre efpèce de Philofophie, qui foûtient qu'il n'y a point de mal dans la Nature : *Que tout ce qui eft, eft bien.* *

Si l'on examine cette propofition, fans fuppofer auparavant l'exiftence d'un Etre tout puiffant & tout fage, elle n'eft pas foûtenable : fi on la tire de la fuppofition d'un Etre tout fage & tout puiffant, elle n'eft plus qu'un acte de foi. Elle paroît

* *Pope. Effai fur l'homme.*

paroît d'abord faire honneur à la fuprème Intelligence ; mais elle ne tend au fond qu'à foûmettre tout à la néceffité. C'eft plûtôt une confolation dans nos mifè-res , qu'une louange de nôtre bonheur.

Je reviens aux preuvés qu'on tire de la contemplation de la Nature : & j'ajoute encore une réflexion : c'eft que ceux qui ont le plus raffemblé de ces preuves , n'ont point affés examiné leur force ni leur étendue. Que cet Univers dans mille occafions nous préfente des fuites d'effets concourans à quelque but ; cela

ne

ne prouve que de l'Intelligence &
des deſſeins : c'eſt dans le but
de ces deſſeins qu'il faut chercher
la ſageſſe. L'habileté dans l'exécution ne ſuffit pas ; il faut que
le motif ſoit raiſonnable. On
n'admireroit point, on blâmeroit
l'Ouvrier ; & il ſeroit d'autant
plus blâmable, qu'il auroit employé plus d'adreſſe à conſtruire
une machine qui ne ſeroit d'aucune utilité, ou dont les effets
ſeroient dangereux.

Que ſert-il d'admirer cette
régularité des Planetes, à ſe
mouvoir toutes dans le même
ſens, preſque dans le même

plan

plan , & dans des orbites à peu près femblables ? fi nous ne voyons point qu'il fut mieux de les faire mouvoir ainfi qu'autrement. Tant de Plantes venimeufes & d'Animaux nuifibles , produits & confervés foigneufement dans la Nature font ils propres à nous faire connoître la fageffe & la bonté de celui qui les créa ? fi l'on ne découvroit dans l'Univers que de pareilles chofes , il pourroit n'être que l'Ouvrage des Démons.

Il eft vrai que nôtre vûë étant auffi bornée qu'elle l'eft, on ne peut pas exiger , qu'elle

pour-

pourſuive aſſés loin l'ordre &
l'enchainement des choſes. Si
elle le pouvoit, ſans doute qu'-
elle feroit autant frappée de la
ſageſſe des motifs , que de l'Intelligence de l'exécution : mais
dans cette impuiſſance où nous
ſommes ; ne confondons pas ces
différens attributs.   Car quoiqu'une Intelligence infinie ſuppoſe néceſſairement la ſageſſe ; une
Intelligence bornée pourroit en
manquer : & il vaudroit autant
que l'Univers dût ſon origine à
un deſtin aveugle , que s'il étoit
l'Ouvrage d'une telle Intelligence.

Ce n'eſt donc point dans

les

les petits détails , dans ces parties de l'Univers dont nous connoiſſons trop peu les rapports , qu'il faut chercher l'Etre ſuprème : c'eſt dans les Phénomènes dont l'univerſalité ne ſouffre aucune exception , & que leur ſimplicité expoſe entièrement à nôtre vûë.

Il eſt vrai que cette recherche ſera plus difficile que celle qui ne conſiſte que dans l'examen d'un inſecte , d'une fleur , ou de quelqu'autre choſe de cette eſpèce , que la Nature offre à tous momens à nos yeux. Mais nous pouvons emprunter les ſecours d'un guide aſſuré dans ſa

marche ,

marche, quoiqu'il n'ait pas encore porté ſes pas où nous voulons aller.

Juſqu'ici la Mathematique n'a guères eu pour but, que des beſoins groſſiers du corps, ou des Spéculations inutiles de l'Eſprit. On n'a guères penſé à en faire uſage pour démontrer, ou découvrir d'autres vérités que celles qui regardent l'Etendue & les Nombres. Car il ne faut pas s'y tromper dans quelques Ouvrages, qui n'ont de Mathematique que l'air & la forme, & qui au fond ne ſont que de la Metaphyſique la plus incertaine

& la

& la plus ténébreuſe. L'Exemple de quelques Philoſophes doit avoir appris que les mots de *Lemme*, de *Théorème*, & de *Corollaire*, ne portent pas partout la certitude mathematique ; que cette certitude ne dépend, ni de ces grands mots, ni même de la méthode que ſuivent les Géometres, mais de la ſimplicité des objets qu'ils conſidèrent.

Voyons ſi nous pourrons faire un uſage plus heureux de cette ſcience : les preuves de l'Exiſtence de Dieu qu'elle fournira, auront ſur toutes les autres l'avantage de l'évidence

D qui

qui caractérife les vérités mathe-
matiques. Ceux qui n'ont pas
affés de confiance dans les raifonnemens metaphyfiques , trouveront plus de fûreté dans ce
genre de preuves : & ceux qui
ne font pas affés de cas des
preuves populaires , trouveront
dans celles-ci plus d'élevation &
d'exactitude.

Ne nous arrêtons donc pas
à la fimple fpéculation des objêts les plus merveilleux. L'organifation des Animaux, la multitude & la petitéffe des parties
des Infectes , l'immenfité des
corps céleftes , leurs diftances ,
& leurs

& leurs revolutions , font plus propres à étonner nôtre efprit qu'à l'éclairer. L'Etre fuprème eft partout ; mais il n'eft pas partout également vifible. Nous le verrons mieux dans les objêts les plus fimples : cherchons le dans les premières loix qu'il a impofées à la Nature ; dans ces règles univerfelles , felon lesquel‑ les le mouvement fe conferve , fe diftribue , ou fe détruit ; & non pas dans des Phénomènes qui ne font que des fuites trop compliquées de ces loix.

J'aurois pû partir de ces loix , telles que les Mathemati‑
D 2 ciens

ciens les donnent, & telles que l'expérience les confirme; & y chercher les caractères de la fagefle & de la puiffance de l'Etre fuprème. Cependant, comme ceux qui les ont découvertes, fe font appuyés fur des hypothèfes qui n'étoient pas purement géometriques; & que par là leur certitude ne paroît pas fondée fur des démonftrations rigoureufes; j'ai crû plus fûr & plus utile de déduire ces loix des attributs d'un Etre tout puiffant & tout fage. Si celles que je trouve par cette voie, font les mêmes qui font en effet obfervées dans l'Uni-

vers,

vers, n'eſt ce pas la preuve la plus forte que cet Etre exiſte, & qu'il eſt l'auteur de ces loix?

Mais, pourroit-on dire, quoique les règles du mouvement & du repos n'ayent été juſqu'ici démontrées que par des hypothèſes & des expériences, elles ſont peut-être des ſuites néceſſaires de la nature des corps. & n'y ayant rien eu d'arbitraire dans leur établiſſement, vous attribués à une Providence ce qui n'eſt l'effet que de la Néceſſité.

S'il eſt vrai que les loix du mouvement & du repos ſoient

D 3 des

des fuites indifpenfables de la
nature des corps , cela même
prouve encore la perfection de
l'Etre fuprème : c'eft que toutes
chofes foient tellement ordonné-
es , qu'une Mathematique aveugle & néceffaire execute ce que
l'Intelligence la plus éclairée &
la plus libre préfcrivoit.

ESSAY
DE
COSMOLOGIE.

*Les Loix du Mouvement & du Repos
deduittes des Attributs de la
suprème Intelligence.*

*** *** *** *** ***

LE plus grand Phénomène
de la Nature, le plus merveilleux, est le Mouvement:
sans lui tout seroit plongé dans
une mort éternelle, ou dans
une uniformité pire encore que
le Cahos : c'est lui qui porte partout l'action & la vie. Mais
ce Phénomène qui est sans ces-
se exposé à nos yeux, lorsque nous le voulons expliquer,

D 4   paroît

paroît incompréhenſible. Quelques Philoſophes de l'antiquité ſoûtinrent *qu'il n'y avoit point de mouvement.* Un uſage trop ſubtil de leur Eſprit démentoit ce que leurs Sens appercevoient: les difficultés qu'ils trouvoient à concevoir comment les corps ſe meuvent, leur firent nier qu'ils ſe meuſſent, ni qu'ils puſſent ſe mouvoir. Nous ne rapporterons point les argumens ſur lesquels ils tâcherent de fonder leur opinion ; mais nous remarquerons qu'on ne ſauroit nier le mouvement que par des raiſons qui détruiroient , ou rendroient douteuſe l'Exiſtence de tous les objèts objêts hors de nous ; qui reduiroient l'Univers à nôtre propre Etre, & tous les Phénomènes à nos perceptions.

Des Philofophes plus équitables, qui admirent le mouvement, ne furent pas plus heureux, lorsqu'ils entreprirent de l'expliquer. Les uns le regardèrent comme effentiel à la matière : dirent que tous les corps par leur nature devoient fe mouvoir ; que le repos apparent de quelques uns n'étoit qu'un mouvement qui fe déroboit à nos yeux, ou un état forcé : les autres à la tête des

quels

quels eſt Ariſtote cherchèrent la cauſe du mouvement dans un *premier Moteur* immobile & immatériel.

Si la prémière cauſe du mouvement reſte pour nous dans une telle obſcurité, il ſembleroit du moins que nous puſſions eſpérer quelque lumière ſur les Phénomènes qui en dépendent : Mais ces Phénomènes paroiſſent enveloppés dans les mêmes ténèbres. Un Philoſophe moderne très ſubtil qui regarde Dieu comme l'Auteur du premier mouvement imprimé à la Matière, croit encore l'action de Dieu

conti-

continuellement néceffaire pour toutes les diftributions & les modifications du mouvement. Ne pouvant comprendre comment la puiffance de mouvoir appartiendroit au corps, il s'eft crû fondé à nier qu'elle lui appartint : & à conclure que lorsqu'un corps choque ou preffe un autre corps, c'eft Dieu feul qui le meut : l'impulfion n'eft que l'occafion qui détermine Dieu à le mouvoir. *

D'autres ont crû avancer beaucoup, en adoptant un mot qui ne fert qu'à cacher nôtre ignorance. Ils ont attribué aux corps

* *Malebranche.*

corps une certaine *Force* pour communiquer leur mouvement aux autres. Il n'y a dans la Philofophie moderne aucun mot repeté plus fouvent que celui-ci ; aucun qui foit fi peu exactement défini. Son obfcurité l'a rendu fi commode qu'on n'en a pas borné l'ufage aux corps que nous connoiffons ; une école entière de Philofophes attribue aujourd'hui à des Etres qu'elle n'a jamais vûs , une force qui ne fe manifefte par aucun Phénomène.

Nous ne nous arrêterons point ici à ce que la *Force repréfentative* qu'on fuppofe dans les

Elémens

Elémens de la matière peut
fignifier : je me reftrains à la
feule notion de la *Force motrice*,
de la force en tant qu'elle s'applique à la production , à la
modification , ou à la déftruction du mouvement.

Le mot de *force* dans fon
fens propre exprime un certain
fentiment que nous éprouvons,
lorsque nous voulons remuer un
corps qui étoit en repos , ou
changer , ou arrêter le mouvement d'un corps qui fe mouvoit.
La perception que nous éprouvons alors eft fi conftamment
accompagnée d'un changement

dans

dans le repos ou le mouvement du corps , que nous ne faurions nous empêcher de croire qu'elle en eft la caufe.

Lors donc que nous voyons quelque changement arriver dans le repos ou le mouvement d'un corps , nous ne manquons pas de dire que c'eft l'effet de quelque Force. Et fi nous n'avons fentiment d'aucun effort que nous ayons fait pour y contribuer , & que nous ne voyons que quelques autres corps auxquels nous puiffions attribuer ce Phénomène , nous

pla-

plaçons en eux la *force* , comme leur appartenant.

On voit par là , combien
eſt obſcure l'idée que nous voulons nous faire de la force des
corps , ſi même on peut ap-
peller idée ce qui dans ſon
origine n'eſt qu'un ſentiment
confus. Et l'on peut juger
combien ce mot qui n'expri-
moit d'abord qu'un ſentiment
de nôtre ame eſt éloigné de
pouvoir dans ce ſens appartenir
aux corps. Cependant comme
nous ne poüvons pas dépouil-
ler entièrement les corps d'une
eſpèce d'influence les uns ſur

les

les autres , de quelque nature qu'elle puiſſe être , nous conſer-verons ſi l'on veut le nom de *force* : mais nous ne la méſu-rerons que par ſes effets appa-rens ; & nous nous ſouviendrons toûjours que la *Force motrice* , la puiſſance qu'a un corps en mou-vement d'en mouvoir d'autres , n'eſt qu'un mot inventé pour ſuppléer à nos connoiſſances , & qui ne ſignifie qu'un reſultat de Phénomènes.

Si quelqu'un qui n'eut ja-mais touché de corps , & qui n'én eut jamais vû ſe cho-quer , mais qui eut l'expérience de de ce qui arrive lorsqu'on mêle enfemble différentes couleurs , voyoit un corps bleu fe mouvoir vers un corps jaune , & qu'il fut interrogé fur ce qui arrivera lorsque les deux corps fe rencontreront ? Peut-être que ce qu'il pourroit dire de plus vraifemblable feroit que le corps bleu deviendra verd dès qu'il aura atteint le corps jaune. Mais qu'il prévît , ou que les deux corps s'uniroient pour fe mouvoir d'une vîteffe commune ; ou que l'un communiqueroit à l'autre une partie de fa vîteffe pour fe mouvoir dans le même fens avec une vitefle

E

diffé-

différente ; ou qu'il se reflêchiroit en sens contraire ; je ne crois pas cela possible.

Cependant , dès qu'on a touché des corps ; dès qu'on sait qu'ils sont impénétrables ; dès qu'on a éprouvé qu'il faut un certain effort pour changer l'état de repos ou de mouvement dans lequel ils sont : on voit que lorsqu'un corps se meut vers un autre , s'il l'atteint , il faut, ou qu'il se reflêchisse, ou qu'il s'arrête, ou qu'il diminue sa vîtesse : qu'il déplace celui qu'il rencontre , s'il est en repos, ou qu'il change son mouvement ,

vement, s'il fe meut. Mais comment ces changemens fe font-ils ?
Quelle eft cette puiffance, que
femblent avoir les corps pour
agir les uns fur les autres ?

Nous voyons des parties de
la matière en mouvement ; nous
en voyons d'autres en repos : le
mouvement n'eft donc pas une
proprieté effentielle de la matière : c'eft un état dans lequel
elle peut fe trouver, ou ne pas
fe trouver : & que nous ne voyons pas qu'elle puiffe fe procurer
d'elle même. Les parties de la
matière qui fe meuvent, ont
donc reçû leur mouvement de

 quel-

quelque caufe étrangère qui jusqu'ici m'eft inconnue. Et comme elles font d'elles mêmes indifférentes au mouvement ou au repos ; celles qui font en repos y reftent ; & celles qui fe meuvent une fois, continuent de fe mouvoir, jufqu'à ce que quelque caufe change leur état.

Lorsqu'une partie de la matière en mouvement, en rencontre une autre en repos, elle lui communique une partie de fon mouvement, ou tout fon mouvement même. Et comme la rencontre de deux parties de la matière dont l'une eft en re-

pos

pos & l'autre en mouvement,
ou qui font en mouvement
l'une & l'autre, eft toûjours fui-
vie de quelque changement dans
l'état des deux : le choc paroît
la caufe de ce changement :
quoiqu'il fut abfurde de dire
qu'une partie de la matière qui
ne peut fe mouvoir d'elle même en pût mouvoir une autre.

Sans doute la connoiffance
parfaite de ce Phénomène ne
nous a pas été accordée ; elle
furpaffe vraifemblablement la portée de nôtre intelligence. Je
renonce donc ici a l'entreprife
d'expliquer les moyens par les

E 3   quels

quels le mouvement d'un corps paſſe dans un autre à leur rencontre mutuelle : je ne cherche pas même à ſuivre le phyſique de ce Phénomène auſſi loin que le pourroient permettre les foibles lumières de mon Eſprit & les connoiſſances dans la Méchanique qu'on a acquiſes de nos jours : je m'attache à un principe plus grand , plus élevé , & le plus intereſſant dans cette recherche.

Les Philoſophes qui ont mis la cauſe du mouvement en Dieu , n'y ont été reduits que parce qu'ils ne ſavoient où la

met-

mettre. Ne pouvant concevoir que la matière eut aucune efficace pour produire , diſtribuer, & détruire le mouvement , ils ont eu recours à un *Etre immatériel.* Mais lorsqu'on ſaura que toutes les loix du mouvement & du repos ſont fondées ſur le Principe du *Mieux* , on ne pourra plus douter qu'elles ne doivent leur établiſſement à un *Etre tout puiſſant & tout ſage.* Soit que cet Etre agiſſe immédiatement, ſoit qu'il ait donné aux corps le pouvoir d'agir les uns ſur les autres ; ſoit qu'il ait employé quelqu'autre moyen qui nous ſoit encore moins connu.

E 4

Ce

Ce n'eſt donc point dans la Méchanique que je vais chercher ces loix ; c'eſt dans la ſageſſe de l'Etre ſuprème.

La plus ſimple des loix de la Nature, celle du repos ou de l'équilibre, eſt connue depuis un grand nombre de ſiécles : mais elle n'a parû jusqu'ici avoir aucune connexion avec les loix du mouvement, qui étoient beaucoup plus difficiles à découvrir.

Ces recherches étoient ſi peu du gout, ou ſi peu à la portée des Anciens, qu'on peut dire qu'elles font encore aujourd'hui une Science toute nouvelle.

Com-

Comment en effet les Anciens auroient-ils découvert les loix du mouvement , pendant que les uns reduifoient toutes leurs fpéculations fur le mouvement à des difputes fophiftiques ; & que les autres nioient le mouvement même.

Des Philofophes plus laborieux ou plus fenfés , ne jugèrent pas que des difficultés attachées aux premiers principes des chofes , fuffent des raifons pour desefpérer d'en rien connoître , ni des excufes pour fe difpenfer de toute recherche.

Dès que la vraye manière
de

de philofopher , fut introduite , on ne fe contenta plus de ces vaines difputes fur la nature du mouvement : on voulut favoir felon quelles loix il fe diftribue , fe conferve , & fe détruit : on fentit que ces loix étoient le fondement de toute la Philofophie naturelle.

Le grand Descartes , le plus audacieux des Philofophes , chercha ces loix , & fe trompa. Mais comme fi les tems avoient enfin conduit cette matière à une efpèce de maturité , l'on vît tout à coup paroître de toutes parts les loix du mouvement inconnuës

connuës pendant tant de fiécles : Huygens , Wallis & Wren , les trouvèrent en même tems. Plufieurs Mathematiciens après eux qui les ont cherchées par des routes différentes , les ont confirmées.

Cependant , tous les Mathematiciens étant aujourd'hui d'accord dans le cas le plus compliqué ne s'accordent pas dans le cas le plus fimple. Tous conviennent des mêmes diftributions de mouvement dans le choc des *Corps élaftiques* ; mais ils ne s'accordent pas fur les loix des *Corps durs* : & quelques uns prétendent,

tendent , qu'on ne fauroit déterminer les diftributions du mouvement dans le choc de ces corps. Les embarras qu'ils y ont trouvés leur ont fait prendre le parti de nier l'exiftence , & même la poffibilité des corps durs. Ils prétendent que les corps qu'on prend pour tels , ne font que des corps élaftiques dont la roideur très grande rend la flexion de leurs parties imperceptible.

Ils allèguent des expériences faites fur des corps qu'on appelle vulgairement *durs* , qui prouvent que ces corps ne font qu'éla-

qu'élaſtiques. Lorsque deux Globes d'yvoire , d'acier , ou de
verre , ſe choquent ; on leur
retrouve peut-être après le choc
leur première figure ; mais il
eſt certain qu'ils ne l'ont pas
toûjours conſervée : On s'en aſ-
ſûre par ſes yeux , ſi l'on teint
l'un des Globes de quelque cou-
leur qui puiſſe s'effacer & ta-
cher l'autre : on voit par la
grandeur de la tache , que ces
Globes pendant le choc ſe font
applatis , quoiqu'après il ne ſoit
reſté aucun changement ſenſible
à leur figure.

On ajoute à ces expérien-
ces

ces des raiſonnemens métaphyſiques : on prétend que la dureté priſe dans le ſens rigoureux,
exigeroit dans la nature des effets incompatibles avec une certaine *Loi de Continuité.*

Il faudroit, dit-on, lorsqu'-
un corps dur rencontreroit un
obſtacle inébranlable , qu'il per-
dit tout à coup ſa vîteſſe, ſans
qu'elle paſſât par aucun dégré
de diminution ; ou qu'il la
convertit en une vîteſſe contraire , & qu'une vîteſſe poſitive
devint négative , ſans avoir paſſé par le repos. *

Mais

* *Diſcours ſur les loix de la communication du mouvement par M. Jean Bernoulli.*

Mais j'avoue que je ne fens pas la force de ce raifonnement. Je ne fai fi l'on connoit affés la manière dont le mouvement fe produit ou s'éteint , pour pouvoir dire que la loi de continuité fut ici violée : je ne fai pas trop même ce que c'eft que cette loi. Quand on fuppoferoit que la vîteffe augmentât ou diminuât par dégrès, n'y auroit il pas toûjours des paffages d'un dégrè à l'autre? & le paffage le plus imperceptible ne viole-t-il pas autant la continuité , que feroit la déftruction fubite de l'Univers ?

Quant

Quant aux expériences dont nous venons de parler ; elles font voir qu'on a pû confondre la *dureté* avec l'*élasticité* ; mais elles ne prouvent pas que l'une ne foit que l'autre. Au contraire, dès qu'on a reflêchi fur l'*impénétrabilité* des corps, il femble qu'elle ne foit pas différente de leur *dureté* ; ou du moins il femble que la dureté en eft une fuite néceffaire. Si dans le choc de la plûpart des corps, les parties dont ils font compofés, fe féparent ou fe plient, cela n'arrive que parceque ces corps font des amas d'autres : les corps primitifs, les corps fimples, qui font

les

les élémens de tous les autres , doivent être durs, inflexibles, inaltérables.

Plus on examine l'élasticité , plus il paroît que cette proprieté ne dépend que d'une ftructure particulière , qui laiſſe entre les parties des corps des intervalles dans lesquels elles peuvent ſe plier.

Il ſemble donc qu'on feroit mieux fondé à dire, que tous les corps font durs, qu'on ne l'eſt à foûtenir qu'il n'y a point de corps durs dans la nature. Mais je ne fai ſi la manière dont nous connoiſſons les corps , nous per-

F met

met ni l'une ni l'autre affertion. Si l'on veut l'avouer, on conviendra que la plus forte raifon qu'on ait eüe pour n'admettre que des corps élaftiques, a été l'impuiffance où l'on étoit de trouver les loix de la communication du mouvement des corps durs.

Descartes admit ces corps; & crût avoir trouvé les loix de leur mouvement. Il étoit parti d'un principe affés vraifemblable : *Que la quantité du mouvement fe confervoit toûjours la même dans la nature.* Il en déduifit des loix fauffes; parceque le principe n'eft pas vrai. Les

Les Philofophes qui font venus après lui ont été frappés d'une autre *confervation :* c'eft celle de ce qu'ils appellent *la force vive ,* qui eft *le produit de chaque maffe par le quarré de fa vîteffe.* Ceux-ci n'ont pas fondé leurs loix du mouvement fur cette confervation , ils ont déduit cette confervation des loix du mouvement , dont ils ont vû qu'elle étoit une fuite. Cependant , comme la confervation de la force vive n'avoit lieu que dans le choc des corps élaftiques , on s'eft affermi dans l'opinion qu'il n'y avoit point d'autres corps que ceux là dans la nature.

F 2   Mais

Mais *La conſervation de la quantité du mouvement n'eſt vraie que dans certains cas. La conſer‑ vation de la force vive n'a lieu que pour certains corps.* Ni l'une ni l'autre ne peut donc paſſer pour un principe univerſel , ni même pour un reſultat général des loix du mouvement.

Si l'on examine les principes ſur lesquels ſe ſont fondés les Auteurs qui nous ont donné ces loix , & les routes qu'ils ont ſui‑ vies , on s'étonnera de voir qu'ils y ſoient ſi heureuſement parvenus ; & l'on ne pourra s'empêcher de croire qu'ils comp‑

toient

toient moins fur ces principes ,
que fur l'expérience. Ceux qui
ont raifonné le plus jufte ont re-
connu que le principe dont ils
fe fervoient pour expliquer la
communication du mouvement
des corps élaftiques , ne pouvoit
s'appliquer à la communication du
mouvement des corps *durs*. Enfin
aucun des principes qu'on a jusqu'ici employés , foit pour les loix
du mouvement des corps durs ,
foit pour les loix du mouvement
des corps élaftiques , ne s'étend
aux loix du repos.

Après tant de grands Hom-
mes qui ont travaillé fur cette

F 3 matiè

matière , je n'ose presque dire que j'ai découvert le principe universel fur lequel toutes ces loix font fondées ; qui s'étend également *aux corps durs* & *aux corps élastiques* ; d'où depend le mouvement & le repos de toutes les subftances corporelles.

C'eft le principe que j'appelle *De la moindre quantité d'action* : principe fi fage , fi digne de l'Etre fuprème , & auquel la nature paroît fi conftamment foumife , qu'elle l'obferve non feulement dans tous fes changemens , mais que dans fa permanence , elle tend encore à

l'obfer-

l'obferver. *Dans le choc des corps, le mouvement fe diftribue de manière, que la quantité d'action que fuppofe le changement arrivé, eft la plus petite qu'il foit poffible. Dans le repos, les corps qui fe tiennent en équilibre, doivent être tellement fitués, que s'il leur arrivoit quelque petit mouvement, la quantité d'action feroit la moindre.* *

Non feulement ce principe répond à l'idée que nous avons de l'Etre fuprème entant qu'il doit toûjours agir de la manière la plus fage ; mais encore

F 4

en-

NB. * *On a renvoyé la Recherche mathematique des loix du mouvement & du repos, à la fin de cet ouvrage, afin de n'en pas interrompre la lecture.*

entant qu'il doit toûjours tenir tout fous fa dépendance.

Le principe de Descartes fembloit fouftraire le Monde à l'empire de la Divinité : il établiffoit que quelques changemens qui arrivaffent dans la nature, *la même quantité de mouvement* s'y confervoit toûjours : Les expériences & des raifonnemens plus forts que les fiens firent voir le contraire. Le principe de la confervation de la *force vive*, fembleroit encore mettre le monde dans une efpèce d'indépendance : quelques changemens qui arrivaffent dans la Nature la quantité

tité abfolue de cette force fe con-
ferveroit toûjours & pourroit toûjours reproduire les mêmes effets.
Mais pour cela il faudroit qu'il
n'y eut dans la Nature que des
corps élaftiques : il faudroit en
exclure les corps durs ; c'eft à dire en exclure les feuls peut-être
qui y foient.

Nôtre principe plus confor-
me aux idées que nous devons
avoir des chofes, laiffe le monde dans le befoin continuel de
la puiffance du Créateur ; & eft
une fuite néceffaire de l'emploi
le plus fage de cette puiffance.

Les loix du mouvement & du
repos

repos ainfi déduites , fe trouvant précifément les mêmes qui font obfervées dans la nature : nous pouvons en admirer l'application dans tous les Phénomènes : dans le mouvement des Animaux, dans la végétation des Plantes, dans la Revolution des Aftres : & le fpectacle de l'Univers devient bien plus grand , bien plus beau , bien plus digne de fon Auteur. C'eft alors qu'on peut avoir une jufte idée de la puiffance & de la fageffe de l'Etre fuprème ; & non pas lorsqu'on en juge par quelque petite partie dont nous ne connoiffons ni la conftruction , ni l'ufage , ni la

con-

connexion qu'elle a avec les autres. Quelle fatisfaction pour l'Efprit humain en contemplant ces
loix qui font le principe du
mouvement & du repos de tous
les corps de l'Univers, d'y trouver la preuve de l'exiftence de
celui qui le gouverne !

Ces loix fi belles & fi fimples font peut être les feules que
le Créateur & l'Ordonnateur des
chofes a établies dans la matière
pour y opérer tous les Phénomènes de ce Monde vifible. Quelques Philofophes ont été affés
témeraires pour entreprendre d'en
expliquer par ces feules loix toute

la

la Méchanique , & même la prémière formation : donnés nous, ont-ils dit , de la matière & du mouvement , & nous allons former un Monde tel que celui-ci. Entreprise véritablement extravagante !

D'autres au contraire ne trouvant pas tous les Phénomènes de la Nature affés faciles à expliquer par ces feuls moyens, ont crû néceffaire d'en admettre d'autres. Un de ceux que le befoin leur a prefenté , eft l'*Attraction* , ce monftre métaphyfique fi cher à une partie des Philofophes modernes , fi odieux à

l'autre

l'autre : une force par laquelle tous les corps de l'Univers s'attirent.

Si l'Attraction demeuroit dans le vague de cette prémière définition, & qu'on ne demandât aussi que des explications vagues, elle suffiroit pour tout expliquer : elle seroit la cause de tous les Phénomènes : quelques corps attireroient toûjours ceux qui se meuvent.

Mais il faut avouer que les Philosophes qui ont introduit cette force n'en ont pas fait un usage aussi ridicule. Ils ont senti, que pour donner quelque ex-

plica-

plication raifonnable des Phénomènes , il falloit par quelques
Phénomènes particuliers remon-
ter à un Phénomène principal,
d'où l'on pût enfuite déduire tous
les autres Phénomènes particuliers
du même genre. C'eft ainſi que
par quelques fymptomes des
mouvemens céleftes, & par des
obfervations fur la chûte des
corps vers la Terre, ils ont été
conduits à admettre dans la Matière une force par la quelle
toutes fes parties s'attirent fuivant
une certaine proportion de leurs
diftances, & il faut avouer que
dans l'explication de plufieurs
Phénomènes , ils ont fait un uſage

ge merveilleux de ce principe.

Je n'examine point ici la différence qui peut fe trouver dans la Nature de *la Force impulfive* & de la *Force attractive* : fi nous concevons mieux une force qui ne s'exerce que dans le contaȼt , qu'une autre qui s'exerce dans l'éloignement ? Mais la Matière & le Mouvement une fois admis dans l'Univers , nous avons vû que l'établiffement de quelques loix d'impulfion étoit néceffaire : Nous avons vû que dans le choix de ces loix , l'Etre fuprème avoit fuivi le principe le plus fage : Il feroit à

fouhai-

fouhaiter pour ceux qui admettent l'attraction , qu'ils lui puffent trouver les mêmes avantages.

Si les Phénomènes du mouvement de ces corps immenfes qui roulent dans l'Univers ont porté les Aftronomes à admettre cette Attraction , d'autres Phénomènes du mouvement des plus petites parties des corps , ont fait croire aux Chimiftes qu'il y avoit encore d'autres Attractions : enfin on eft venu jusqu'à admettre des Forces répulfives.

Mais toutes ces forces feront elles des loix primitives de la

la Nature , ou ne feront elles
point des fuites des Loix de
l'impulfion ? Ce dernier n'eft-il
point vraifemblable , fi l'on confidère , que dans la Méchanique ordinaire , tous les mouvemens qui femblent s'exécuter
par *Traction* ne font cependant
produits que par une véritable
Pulfion ? Enfin le grand homme
qui a introduit les attractions ,
n'a pas ofé les regarder comme
des loix primitives , ni les fouftraire à l'empire de l'impulfion.
Il a au contraire infinué dans
plus d'un endroit de fon merveilleux ouvrage que l'Attraction
pouvoit bien n'être qu'un Phé-

G   nomène

nomène dont l'Impulſion étoit la veritable cauſe * : Phénomène principal dont dépendoient pluſieurs Phénomènes particuliers , mais ſoûmis comme eux aux loix d'un principe antérieur.

Pluſieurs Philoſophes ont tenté de découvrir cette dépendance : mais ſi leurs efforts juſqu'ici n'ont pas eu un plein ſuccès , ils peuvent du moins faire croire la choſe poſſible. Il y aura toûjours bien des vuides, bien des interruptions entre les parties de nos ſyſtèmes les mieux liés : & ſi nous reflechiſſons ſur l'im-

per-

* *Newton Phil. Nat.* pag. 6. 160. 188. 530. *Edit. Londin.* 1746.

perfection de l'Inftrument avec lequel nous les formons, fur la foibleffe de nôtre efprit , nous pourrons plûtôt nous étonner de ce que nous avons découvert , que de ce qui nous refte caché.

Ouvrons les yeux ; parcourons l'Univers ; livrons nous hardiment à toute l'admiration que ce fpectacle nous caufe : tel Phénomène qui pendant qu'on ignoroit la fageffe des loix à qui il doit fon origine , n'étoit qu'une preuve obfcure & confufe de l'exiftence de celui qui gouverne le Monde , devient une démonftration : & ce qui auroit pû

caufer

cauſer du ſcandale , ne ſera plus qu'une ſuite néceſſaire de loix qu'il falloit établir. Nous verrons, ſans en être ébranlés , naître des *Monſtres* , commettre des *Crimes* , & nous ſouffrirons avec patience la *Douleur*. Ces maux ne porteront point atteinte à une vérité bien reconnue : quoique ce ne ſoit pas eux qui la fiſſent connoître , ni rien de ce qui renferme quelque mélange de mal ou d'inutilité. Tout eſt lié dans la Nature : l'Univers tient au fil de l'araignée , comme à cette force qui pouſſe ou qui tire les planetes vers le Soleil : mais ce n'eſt pas dans le fil de l'arail'araignée qu'il faut chercher les preuves de la fageſſe de fon Auteur.

Qui pourroit parcourir toutes les merveilles que cette fageſſe opère ! Qui pourroit la fuivre dans l'immenſité des Cieux , dans la profondeur des Mers , dans les Abîmes de la Terre ! Il n'eſt peut-être pas encore tems d'entreprendre d'expliquer le Syſtème du Monde : il eſt toûjours tems d'en admirer le fpectacle.

Abré-

Abrégé
du
Syſtème du Monde.

LE Soleil eſt un Globe lumineux, gros environ un million de fois comme la Terre. La matière dont il eſt formé, n'eſt pas homogène, il y paroît ſouvent des inégalités ; & quoique pluſieurs de ces taches diſparoiſſent avant que d'avoir parcouru tout ſon disque le mouvement réglé de quelques unes , & le retour au même lieu du disque , après un certain

tain tems , ont fait voir que le Soleil immobile , ou presque immobile dans le lieu des Cieux, où il eſt placé , avoit un mouvement de revolution ſur ſon Axe , & que le tems de cette revolution étoit d'environ 25. jours.

Six Globes qu'il échauffe & qu'il éclaire ſe meuvent autour de lui. Leurs groſſeurs , leurs diſtances , & leurs revolutions ſont différentes : mais tous ſe meuvent dans le même ſens , à peu près dans le même plan, & par des routes presque circulaires.

G 4

Le

Le plus voisin du Soleil, & le plus petit, est *Mercure* : sa plus grande distance du Soleil n'est que de 5137. diametres de la Terre, sa plus petite de 3377. son diametre n'est qu'environ la 300me. partie de celui du Soleil. On n'a point encore découvert s'il a quelque revolution sur lui même ; mais il tourne autour du Soleil dans l'espace de 3. mois.

Vénus est la seconde Planete : sa plus grande distance du Soleil est de 8008. diametres de la Terre, sa plus petite de 7898 : son diametre est la

100me.

100me. partie de celui du Soleil: elle tourne sur elle même ; mais les Astronomes ne sont pas encore d'accord sur le tems de cette revolution. M. Cassini par l'observation de quelques taches la faisoit de 23. heures ; M. Bianchini par d'autres observations, la fait de 24. jours. Sa revolution autour du Soleil est de 8. mois.

Le troisième Globe est la *Terre* que nous habitons ; qu'on ne peut se dispenser de ranger au nombre des Planetes. Sa plus grande distance du Soleil est de 11187. de ses diametres ;

metres ; fa plus petite de 10813. Elle tourne fur fon Axe dans l'efpace de 24. heures, & employe un an à faire fa revolution autour du Soleil dans un orbe qu'on appelle l'Ecliptique. L'Axe de la Terre, l'Axe autour du quel Elle fait fa revolution diurne, n'eft pas perpendiculaire au plan de cet orbe : il fait avec lui un angle de $66\frac{1}{2}$ dégrés. Pendant les revolutions de la Terre, autour du Soleil, cet Axe demeure presque parallèle à lui même. Cependant ce Parallélisme n'eft pas parfait ; L'Axe de la Terre coupant toûjours le plan de

l'Eclip-

l'Ecliptique fous le même angle, tourne fur lui même d'un
mouvement conique dont la
Période eft de 25000. ans ;
& que les obfervations d'Hip-
parque comparées aux nôtres
nous ont fait connoître. On
doute encore fi l'angle fous le
quel l'Axe de la Terre coupe
le plan de l'Ecliptique eft toûjours le même : quelques obfervations ont fait penfer qu'il aug-
mente, & qu'un jour les plans
de l'Ecliptique & de l'Equateur
viendroient à fe confondre. Il
faudra peut-être des milliers de
fiécles pour nous l'apprendre.
Cette Planete qui eft celle que

nous

nous connoiſſons le mieux , nous peut faire croire que toutes les autres , qui paroiſſent de la même nature qu'elle , ne ſont pas des Globes déſerts ſuſpendus dans les Cieux , mais qu'Elles ſont habi-tées comme elle par quelques Etres vivants. Quelques Auteurs ont hazardé ſur ces habitans des conjectures qui ne ſauroient être ni prouvées , ni démenties : mais tout eſt dit ; du moins tout ce qui peut être dit avec probabilité, lorsqu'on a fait remarquer , que ces vaſtes corps des Planetes ayant déja tant de choſes com-munes avec la Terre , peuvent encore avoir de commun avec

elle ,

elle , d'être habitées. Quant à la nature de leurs habitans , il feroit bien témeraire d'entreprendre de la deviner. Si l'on obferve déja de fi grandes varietés entre ceux , qui peuplent les différens Climats de la Terre , que ne peut-on pas penfer de ceux qui habitent des Planetes fi éloignées de la nôtre ; leurs varietés paffent vraifemblablement toute l'étendue de nôtre imagination.

La quatrième Planete eft *Mars.* Sa plus grande diftance du Soleil eft de 18315. diametres de la Terre ; fa plus petite de 15213. fon Diametre eft la 170me.

170me. partie de celui du Soleil. Sa revolution fur fon Axe eft de 25. heures ; & celle qu'il fait autour du Soleil s'achève dans 2. ans.

La cinquième Planete & la plus groffe de toutes eft *Jupiter.* Sa plus grande diftance du Soleil eft de 59950. diametres de la Terre ; fa plus petite de 54450. fon diametre eft la 9me. partie de celui du Soleil. Il fait dans 10. heures fa revolution fur fon Axe ; fon cours autour du Soleil s'achève dans 12. ans.

Enfin la fixième Planete & la

plus éloignée du Soleil eſt *Sa-*
turne. Sa plus grande diſtance
du Soleil eſt de 110935. diametres de la Terre; ſa plus petite de 98901. ſon diametre
eſt la 11me. partie de celui du
Soleil. On ignore s'il tourne
ſur ſon Axe. Il employe 30.
ans à faire ſa revolution dans
ſon orbe.

Voilà quelles ſont les Planetes principales , c'eſt à dire ,
celles qui tournent immédiatement autour du Soleil ; ſoit que
pendant ce tems là , elles tournent ſur elles mêmes ou non.

On appelle ces Planetes
prin-

principales par rapport aux autres appellées *secondaires*. Celles-ci font leurs revolutions, non immédiatement autour du Soleil, mais autour de quelque Planete du premier ordre, qui se mouvant autour du Soleil transporte avec elle autour de cet Astre celle qui lui sert de satellite.

L'Astre qui éclaire nos nuits, la Lune est une de ces Planetes secondaires ; sa distance de la Terre n'est que de trente diametres de la Terre ; son diametre n'est guères que la quatrième partie du diametre de la

de la Terre ; Elle fait 12. revolutions autour de la Terre,
pendant que la Terre en fait
une autour du Soleil.

Les corps des Planetes fe-
condaires, opaques comme ceux
des Planetes du premier ordre,
peuvent faire conjecturer qu'elles
font habitées comme les autres.

Depuis l'invention des Téle-
fcopes on a découvert quatre fatellites à Jupiter : quatre Lunes
qui tournent autour de lui, pendant que lui même tourne autour du Soleil.

Enfin Saturne en a cinq.
Mais on découvre encore autour

H

de

de cette Planete une autre merveille , à laquelle nous ne connoiſſons point de pareille dans
les Cieux : c'eſt un large *Anneau*
dont elle eſt environnée.

Quoique les ſatellites paroiſſent deſtinés à la Planete autour
de la quelle ils font leurs revolutions , ils peuvent pour les autres avoir de grandes utilités ; &
l'on ne peut omettre ici celle
que les habitans de la Terre re-
tirent des ſatellites de Jupiter.
C'eſt que ces Aſtres ayant un
mouvement fort rapide , paſſent
ſouvent derrière les corps de leur
Planete principale , & tombent

dans

dans l'ombre de cette Planete ; qui ne recevant fa lumière que du Soleil , a toûjours derrière elle un efpace ténébreux , dans lequel le fatellite , dès qu'il entre , s'eclipfe pour le Spectateur , & du quel refortant , il paroît à nos yeux. Or ces Eclipfes & ces retours à la lumière étant des Phénomènes qui arrivent dans un inftant ; fi l'on obferve dans différens lieux de la terre l'heure de l'immerfion ou de l'émerfion du fatellite , la différence qu'on trouve entre ces heures , donne la différence des Méridiens des lieux où l'on aura fait les obfervations: chofe fi importante pour

le

le Géographe & pour le Navi-
gateur.

Deux grands Fluides appar-
tiennent à la Planete que nous
habitons : l'un eſt la Mer qui
en couvre environ la moitié, l'autre eſt l'air qui l'environne de
toutes parts.

Le premier de ces fluides
eſt ſans ceſſe agité d'un mouvement qui l'élève & l'abaiſſe
deux fois chaque jour. Ce mouvement beaucoup plus grand
dans certains tems que dans
d'autres, variant auſſi ſelon les
différentes régions de la Terre,
a une telle correſpondance avec

les

les positions de la Lune & du Soleil qu'on ne sauroit y méconnoître l'effet de ces Astres, quoique l'effet de la Lune soit de beaucoup le plus sensible : à chaque passage de la Lune par le Méridien, l'on voit les Mers inonder les rivages qu'elles avoient abandonnés.

L'autre fluide est l'air ; il enveloppe de tous côtés la Terre, & s'étend à de grandes distances au dessus. Soûmis comme la Mer aux aspects de la Lune & du Soleil, des proprietés particulières ajoûtent de nouveaux Phénomènes à ses mouvemens.

vemens. C'eſt l'aliment de tout ce qui reſpire. Malgré ſa légèreté les Phyſiciens ſont venus à bout de le peſer, & de déterminer le poids total de ſa maſſe par les expériences du Baromètre ; dans lequel une Colonne de Mercure d'environ 27. pouces de hauteur eſt ſoutenue par la Colonne d'air qui s'étend depuis la ſurface de la Terre jusqu'à l'extrémité de l'Atmosphère.

Deux proprietés fort remarquables de l'air ſont ſa compreſſibilité & ſon reſſort ; c'eſt par celle-là que l'air transmet les Sons. Les Corps ſonores par

leur

leur mouvement excitent dans
l'air des vibrations qui fe com-
muniquent jusqu'à nôtre oreille ,
& la vîteffe avec laquelle les
Sons fe transmettent eft de 170.
toifes par châque feconde.

Lorsqu'on confidère les autres Planetes , on ne peut pas
douter qu'elles ne foient formées
d'une matière femblable à celle
de la Terre , quant à l'Opacité.
Toutes ne nous paroiffent que
par la reflexion des rayons du
Soleil qu'elles nous r'envoient :
nous ne voyons jamais de la
Lune nôtre Satellite que l'Hémifphère qui en eft éclairé : fi, lors-

H 4

qu'elle

qu'elle eft placée entre le Soleil & la Terre , on y apperçoit quelque légère lueur , ce n'eft encore que la lumière du Soleil qui eft tombée fur la Terre r'envoyée à la lune & reflêchie de la lune à nos yeux : enfin dès que la Lune entre dans l'ombre que forme la Terre vers la partie oppofée au Soleil , le corps entier de la Lune ou les parties qui entrent dans l'ombre s'eclipfent , comme font les fatellites de Jupiter & de Saturne dès qu'ils entrent dans l'ombre de ces Aftres.

Quant aux Planetes principales , la Terre en étant une , la

la feule analogie conduiroit à croire que les autres font opaques comme elle ; mais il y a des preuves plus fûres qui ne permettent pas d'en douter. Celle des Planetes dont la fituation à l'égard du Soleil demande qu'elle nous préfente les mêmes Phafes que la Lune , nous les préfente en effet : Vénus obfervée au Télescope nous montre tantôt un Disque rond , & tantôt des Croiffants, plus ou moins grands felon que l'Hémifphère qui eft tourné vers nous eft plus ou moins éclairé du Soleil. Mars nous préfente auffi différentes Phafes , quoique fon orbite étant

exté-

extérieure à celle de la Terre, ſes Phaſes ſoient moins inégales que celles de Vénus.

Le paſſage de Vénus & de Mercure ſur le Soleil qui s'obſerve quelquefois, pendant lequel on les voit parcourir ſon disque comme des taches obſcures, eſt une nouvelle preuve de leur Opacité. Jupiter & Saturne dont les Orbes renferment l'Orbe de la Terre, ne ſauroient être expoſés à ce Phénomène : mais les Eclipſes de leurs Satellites lorſqu'ils ſe trouvent dans leur ombre, prouvent aſſés que ce ſont des corps opaques.

Les

Les Taches qu'on obferve avec le Télescope fur le disque des Planetes, & qui confervent conftamment leur figure & leur fituation prouvent que les Planetes font des corps folides. La Lune la plus voifine de nous, nous fait voir fur fa furface de grandes cavités, de hautes montagnes, qui jettent des ombres fort fenfibles vers la partie oppofée au Soleil : & la furface de cette Planete paroît affés femblable à celle de la Terre, fi on l'obfervoit de la Lune; avec cette différence que les montagnes de celle ci font beaucoup plus élévées que toutes les nôtres.   Quant

Quant au Soleil ; on ne peut douter que la matière, dont il eſt formé, ne ſoit lumineuſe & brulante. Il eſt la ſource de toute la lumière qui éclaire la Terre & les autres Planetes, & de tout le feu qui les échauffe ; ſes rayons étant condenſés au foyer d'un miroir brulant, & ſi leur quantité & leur condenſation ſont aſſés grandes, ils ſont un feu plus puiſſant que tous les autres feux que nous pouvons produire avec les matières les plus combuſtibles. Une ſi grande activité ſuppoſe la fluidité, mais on voit encore que la matière qui compoſe le Soleil eſt fluide par les chan-

changemens continuels qu'on y obferve. Les taches qui paroif-fent dans le disque du Soleil & qui disparoiffent enfuite font au-tant de corps qui nagent dans ce fluide ; qui en paroiffent com-me les Ecumes, ou qui s'y con-fument.

On a toûjours fû que le Soleil étoit la caufe de la lumiè-re ; mais ce n'eft que dans ces derniers tems qu'on a découvert que la lumière étoit la matière même du Soleil : fource inépui-fable de cette matière précieufe, depuis la multitude de fiécles qu'-elle coule, on ne s'apperçoit pas
qu'elle

qu'elle ait souffert aucune diminution !

Quelle que soit son im-
menfité , quelle fubtilité ne faut-
il pas fuppofer dans les ruif-
feaux qui en fortent ! Mais fi
leur ténuité paroît merveilleufe ,
quelle nouvelle merveille n'eft
ce point , lorsqu'on verra qu'un
rayon lumineux , tout fubtil
qu'il eft , tout pur qu'il paroît
à nos yeux , eft un mélange
de différentes matières. Lorsqu'-
on faura qu'un mortel a fû a-
nalyfer la lumière , découvrir le
nombre & les dofes des ingré-
dients qui la compofent ? Châque

que rayon de cette matière, qui paroît si simple, est un faisceau de rayons rouges, orangés; jaunes, verds, bleus, indigots, & violets, que leur mélange confondoit à nos yeux. *

Nous ne saurions déterminer avec précision, quelle est la finesse des rayons de la lumière, mais nous connoissons leur vîtesse; dans 7. ou 8. minutes ils arrivent à nous; ils traversent dans un tems si court tout l'espace qui sépare le Soleil & la Terre; c'est à dire, plus de trente millions de lieuës. Tout effray-

* *Newton Optik.*

effrayantes pour l'imagination que font ces chofes, des expériences inconteftables les ont fait connoître. *

Revenons aux Planetes & examinons un peu plus en détail leurs mouvemens. Les routes qu'elles décrivent dans les Cieux font à peu près circulaires, mais ce ne font pas cependant abfolument des cercles, ce font des Ellipfes qui ont fort peu d'excentricité.

Nous avons auffi confideré les Planetes comme des Globes, & il eft vrai qu'elles approchent

fort

* *Philof. Tranfact. N°. 406.*

fort de la figure fphérique : ce ne font pourtant pas, du moins ce ne font pas toutes, des Globes parfaits.

Dans ces derniers tems on foubçonna que la Terre n'étoit pas parfaitement fphérique. Quelques expériences firent penfer à Newton & à Huygens qu'elle devoit être plus élévée a l'Equateur qu'aux Poles ; & être un fphéroïde applati. Des méfures actuelles de différens dégrés de la France fembloient lui donner une figure toute oppofée, celle d'un Sphéroïde allongé. Ces méfures prifes par de très habi-

les

les Obfervateurs fembloient détruire la figure applatie , qui n'étoit
prouvée que par des expériences
indirectes & par des raifonnemens.

Telle étoit l'incertitude :
lorsque le plus grand Roi que
la France ait eu , ordonna la
plus magnifique entreprife qui
ait jamais été formée pour les
Sciences. C'étoit de méfurer
vers l'Equateur & vers le Pole
les deux dégrés du Méridien les
plus éloignés qu'il fut poffible.
La Comparaifon de ces dégrés
devoit décider la queftion , &
déterminer la figure de la Terre. M. M. Godin , Bouguer ,

la

la Condamine partirent pour le Perou ; & je fus chargé de l'expédition du Pole avec M. M. Clairaut , Camus , le Monnier & Outhier. Nous méſurames dans les déſerts de la Lapponie , le dégré qui coupe le Cercle polaire , & nous trouvames la Terre applatie : ſon Axe eſt de 6525600 toiſes ; & le diamètre de ſon Equateur , eſt de 6562500.

La Planete de Jupiter dont la revolution autour de l'Axe eſt beaucoup plus rapide que celle de la Terre , a un applatiſſement beaucoup plus conſiderable , & fort ſenſible au Téléſcope.

I 2   Voilà

Voilà quelle eſt l'œconomie la plus connue de nôtre ſyſtème ſolaire. On y obſerve quelquefois des Aſtres que la plûpart des Philoſophes de l'Antiquité ont pris pour des Metéores paſſagers; mais qu'on ne peut ſe diſpenſer de regarder comme des Corps durables, & de la même Nature que les Planetes.

La différence la plus conſiderable qui paroît être entre les Planetes & ces nouveaux Aſtres, c'eſt que les orbes de celles-là ſont preſque tous dans le même plan, ou renfermés dans une Zone de peu de largeur, &

ſont

font des Ellipfes fort approchantes du Cercle ; les Cométes au contraire fe meuvent dans toutes les directions , & décrivent des Ellipfes fort allongées. Nous ne les voyons que quand elles paffent dans ces régions du Ciel où fe trouve la Terre , quand elles parcourent la partie de leur orbite la plus voifine du Soleil : dans le refte de leurs orbites elles difparoiffent à nos yeux.

Quoique leur éloignement nous empêche de fuivre leurs Cours ; plufieurs apparitions de ces Aftres après des intervalles de tems égaux , femblent n'être que

I 3

les

les retours d'une même Cométe. C'eſt ainſi qu'on croit que celle qui parut en 1682 étoit la même qui avoit été vue en 1607, en 1531, & en 1456. Sa revolution ſeroit d'environ 75 ans, & l'on pourroit attendre ſon retour vers l'année 1757. De même quatre apparitions de la Cométe qui fut remarquée à la mort de Jules Céſar, puis dans les années 531, 1106, & en dernier lieu en 1680, doivent faire penſer que c'eſt la même, dont la revolution eſt de 575 ans. La Poſtérité verra ſi la conjecture eſt vraie.

Celle-ci, en 1680 s'appro-
cha

cha tant du Soleil , que dans son Perihélie elle n'en étoit éloignée que de la sixième partie de son diamètre. On peut juger par là à quelle chaleur cette Cométe fut exposée : elle fut 28000 fois plus grande que celle que la Terre éprouve en Eté.

Quelques Philosophes considerant les routes des Cométes , qui parcourent toutes les régions du Ciel : tantôt s'approchant du Soleil jusqu'à pouvoir y être englouties , tantôt s'en éloignant à des distances immenses , ont attribué à ces Astres des usages assés singuliers. Ils les regardent comme

ser-

fervant d'aliment au Soleil, lorsqu'elles y tombent , ou comme
deftinées à rapporter aux Planetes
l'humidité , qu'elles perdent : en
effet , on voit affés fouvent les
Cométes environnées d'épaiffes Atmosphères , ou de longues queües
qui ne paroiffent formées que
d'exhalaifons & de vapeurs. Quelques Philofophes au lieu de ces
favorables influences , en ont fait
appréhender de très funeftes. Le
Choc d'un de ces Aftres qui rencontreroit quelque Planete fans
doute la détruiroit de fond en
comble. Il eft vrai que ce feroit
un terrible hazard , fi des corps
qui fe meuvent dans toutes fortes

de

de directions dans l'immensité des Cieux , venoient rencontrer quelque Planete. Car malgré la grosseur de ces corps , ce ne sont que des Atomes dans l'espace où ils se meuvent : la chose n'est pas impossible ; quoiqu'il fut ridicule de la craindre. La seule approche de corps aussi brulants que le sont quelques Cométes , lorsqu'elles ont passé fort près du Soleil , la seule inondation de leurs Atmosphère ou de leurs Queuës , causeroit de grands désordres sur la Planete qui s'y trouveroit exposée.

On ne peut douter que la
plûpart

plûpart des Animaux ne périſ-
ſent , s'il arrivoit qu'ils fuſſent
reduits à ſupporter des Chaleurs
auſſi exceſſives , ou à nager dans
des fluides ſi différens des leurs,
ou à reſpirer des vapeurs auſſi
étrangères. Il n'y auroit que les
Animaux les plus robuſtes &
peut-être les plus vils qui con-
ſervaſſent la vie. Des eſpèces
entières feroient détruites ; & l'on
ne trouveroit plus entre celles
qui reſteroient l'ordre & l'harmonie qui y avoit été d'abord.

Quand je reflêchis ſur les
bornes étroites dans lesquelles
ſont renfermées nos connoiſſances ;

ces ; fur le defir extrème que nous avons de favoir , & fur l'impuif-fance où nous fommes de nous inftruire ; je ferois tenté de croi-re que cette disproportion qui fe trouve aujourd'hui entre nos connoiffances & nôtre curiofité , pourroît être la fuite d'un pareil défordre.

Auparavant , toutes les efpè-ces formoient une fuite d'Etres qui n'étoient pour ainfi dire que des parties contigues d'un même Tout. Chacune liée aux efpèces voifines dont elle ne differoit que par des nuances infenfibles , formoit entr'elles une communi-cation

cation qui s'étendoit depuis la prémière jusqu'à la dernière. Mais cette chaine une fois rompue , les efpèces que nous ne pouvions connoître que par l'entremife de celles qui ont été détruites , font devenues incompréhenfibles pour nous: nous vivons peut-être parmi une infinité de ces Etres dont nous ne pouvons découvrir , ni la Nature , ni même l'exiftence.

Entre ceux que nous pouvons encore appercevoir , il fe trouve des interruptions qui nous privent de la plûpart des fecours que nous pourrions en retirer : car

car l'intervalle qui eſt entre nous & les derniers des Etres, n'eſt pas pour nos connoiſſances, un obſtacle moins invincible que la diſtance qui nous ſépare des Etres ſupérieurs. Châque eſpèce, pour l'univerſalité des choſes, a-voit des avantages qui lui étoient propres. Et comme de leur aſ-ſemblage reſultoit la beauté de l'univers, de même de leur com-munication en reſultoit la Sci-ence.

Châque eſpèce iſolée ne peut plus embellir, ni faire con-noître les autres : la plûpart des Etres ne nous paroiſſent que comme

comme des Monſtres ; & nous ne trouvons qu'obſcurité dans nos connoiſſances. C'eſt ainſi que l'édifice le plus régulier, après que la foudre l'a frappé, n'offre plus à nos yeux que des ruines ; dans lesquelles on ne reconnoît ni la ſymmetrie que les parties avoient entr'elles, ni le deſſein de l'Architecte.

Si ces conjectures paroiſſent à quelques uns trop hardies ; qu'ils jettent la veue ſur les marques inconteſtables des changemens arrivés à nôtre Planete ? Ces coquillages, ces poiſſons petrifiés, qu'on trouve dans les

lieux

lieux les plus élévés , & les plus éloignés des rivages , ne font-ils pas voir que les eaux ont autrefois inondé ces lieux ? ces Terres fracaffées , ces Lits de différentes fortes de matières interrompus & fans ordre , ne font-ils pas des preuves de quelque violente fecouffe que la Terre a éprouvée ?

Celui qui dans une belle nuit regarde le Ciel , ne peut fans admiration contempler ce magnifique fpectacle. Mais fi fes yeux font éblouis par mille Etoiles qu'il apperçoit , fon Efprit doit être plus étonné , lorsqu'il faura que toutes ces étoi-

les

les font autant de Soleils femblables au nôtre ; qui ont vraifemblablement comme lui leurs
Planetes & leurs Cométes : lorsque
l'Aftronomie lui apprendra que
ces Soleils font placés à des
diftances fi prodigieufes de nous,
que toute la diftance de nôtre
Soleil à la Terre, n'eft qu'un
point en comparaifon : & que
quant à leur nombre que nôtre
vuë paroît réduire a environ
2000 , on le trouve toûjours
d'autant plus grand , qu'on fe
fert de plus longs Téléscopes :
toûjours de nouvelles Etoiles au
delà de celles qu'on appercevoit,
point de fin , point de bornes
dans les Cieux.

Tou-

Toutes ces Etoiles paroiſſent tourner autour de la Terre en 24 heures : mais il eſt évident que la revolution de la Terre autour de ſon Axe doit cauſer cette apparence. Elles paroiſſent encore toutes faire autour des Poles de l'Ecliptique une revolution dans l'eſpace de 25000 ans ; ce Phénomène eſt la ſuite du mouvement conique de l'Axe de la Terre. Quant au changement de ſituation de ces Etoiles qu'il ſemble qu'on dût attendre du mouvement de la Terre dans ſon orbe , toute la diſtance que la Terre parcourt depuis une Saiſon jusqu'à la Saiſon oppoſée , n'é-

K

tant

tant rien par rapport à sa diftance aux Etoiles , elle ne peut caufer de différence fenfible dans leur
afpect.

Ces Etoiles , qu'on appelle
Fixes gardent entre elles conftamment la même fituation : pendant que les Planetes ou Etoiles
Errantes changent continuellement
la leur , dans cette Zone , où
nous avons vû que tous leurs
orbes étoient renfermés, & que les
Cométes plus errantes encore parcourent indifféremment tous les
lieux du Ciel.

Quelquefois on a vû tout
à coup de nouvelles Etoiles paroître :

roître : on les a vuës durer quelque tems, puis peu à peu s'obscurcir & s'éteindre. Quelques unes ont des Périodes connues de lumière & de ténèbres. La figure que peuvent avoir ces Etoiles & le mouvement des Planetes qui tournent peut-être autour, peuvent être les caufes de ces Phénomènes.

Quelques Etoiles qu'on appelle *Nébuleufes*, qu'on ne voit jamais que comme à travers d'Atmosphères dont elles paroiffent environnées, nous font voir encore qu'il y a parmi ces Aftres beaucoup de diverfités.

K 2   Enfin

Enfin des yeux attentifs, ai-
dés du Télescope découvrent de
nouveaux Phénomènes : ce font
de grands Efpaces plus clairs que
le refte du Ciel ; à travers lesquels l'Auteur de la *Théologie
Aftronomique* a crû voir l'Empirée:
mais qui plus vraifemblablement
ne font que des efpèces d'Aftres
moins lumineux & beaucoup
plus grands que les autres, plus
applatis peut-être , & aux quels
différentes fituations femblent donner des figures irrégulières. *

Voilà quels font les principaux
objets du Spectacle de la Nature.
Si

* *Voyés le Difcours fur la Figure des Aftres.*

Si l'on entre dans un plus grand détail , combien de nouvelles merveilles ne découvre-t-on pas ? Quelle terreur n'infpire pas le bruit du Tonnerre , & l'éclat de la foudre , que ceux même qui nioient la Divinité ont regardés comme fi propres à la faire craindre ? Qui peut voir fans admiration cet Arc merveilleux qui paroît à l'oppofite du Soleil ; lorsque par un tems pluvieux les goutes repandues dans l'air féparent à nos yeux les couleurs de la lumière ? fi vous allés vers le Pole, quels nouveaux Spectacles fe préparent ? Des feux de mille couleurs , agités de mille mouvemens , éclairent les nuits

dans

dans ces Climats , où l'Aſtre du jour ne paroît point pendant l'hy-ver. J'ai vû de ces nuits plus belles qua les jours ; qui faiſoient oublier la douceur de l'Aurore, & l'éclat du midi.

Si des Cieux on deſcend ſur la Terre : ſi après avoir parcouru les plus grands objêts, l'on exami-ne les plus petits , quels nouveaux prodiges ! quels nouveaux mira-cles ! Châque Atome en offre autant que la Planete de Jupiter.

Recher-

Recherche Mathematique
Des Loix du Mouvement & du Repos.

LEs Corps foit en repos , foit en mouvement , ont une certaine Force pour
perfifter dans l'état où ils font : cette
Force apartenant à toutes les parties de laMa-
tière, eft toûjours proportionelle à la quantité
de Matière que ces corps contiennent, &
s'appelle leur *Inertie*.

L'Impénétrabilité des Corps , & leur
inertie , rendoient néceffaire l'établiffement
de quelques loix , pour accorder enfemble ces deux proprietés , qui font à tout
moment oppofées l'une à l'autre dans la
Nature. Lorsque deux corps fe rencontrent , ne pouvant fe pénétrer , il faut
que le Repos de l'un & le Mouvement
de l'autre , ou le Mouvement de tous les
deux foient altérés : mais cette altération
dépendant de la Force avec laquelle les
deux Corps fe choquent , examinons ce

K 4

que

Cecy a déja paru dans les *Mem.* de *l'Acad. R.*
des Sciences de Pruffe. Année 1747.

que c'eſt que le Choc ; voyons de quoi il dépend ; & ſi nous ne pouvons avoir une idée aſſés claire de la Force , voyons du moins les circonſtances qui le rendent le même.

On ſuppoſe ici , comme l'ont ſuppoſé tous ceux qui ont cherché les loix du mouvement ; que les Corps ſoient des Globes de Matière homogène ; & qu'ils ſe rencontrent directement , c'eſt à dire , que leurs centres de gravité ſoyent dans la ligne droite qui eſt la direction de leur mouvement.

Si un Corps ſe mouvant avec une certaine vîteſſe , rencontre un autre corps en repos ; le Choc eſt le même que ſi ce dernier Corps ſe mouvant avec la vîteſſe du premier , le rencontroit en repos.

Si deux Corps ſe mouvant l'un vers l'autre ſe rencontrent ; le Choc eſt le même que ſi l'un des deux étant en re-pos , l'autre le rencontroit avec une vîteſ-ſe qui fut égale à la Somme des vîteſſes de l'un & de l'autre.

Si

Si deux Corps ſe mouvant vers le même côté ſe rencontrent ; le Choc eſt le même que ſi l'un des deux étant en repos, l'autre le rencontroit avec une vîteſſe qui fut égale à la différence des vîteſſes de l'un & de l'autre.

En général donc : ſi deux Corps ſe rencontrent, ſoit que l'un des deux ſoit en repos, ſoit qu'ils ſe meuvent tous les deux l'un vers l'autre, ſoit qu'ils ſe meuvent tous deux du même côté : quelles que ſoient leurs vîteſſes, ſi la ſomme ou la différence de ces vîteſſes (ce qu'on appelle *la vîteſſe reſpective*) eſt la même, le Choc eſt le même. *La grandeur du Choc de deux Corps donnés, dépend uniquement de leur vîteſſe reſpective.*

La vérité de cette propoſition eſt facile à voir, en concevant les deux Corps emportés ſur un plan mobile, dont la vîteſſe détruiſant la vîteſſe de l'un des deux, donneroit à l'autre la ſomme ou la différence des vîteſſes qu'ils avoient. Le Choc des deux Corps ſur ce plan, ſeroit le même

me

me que fur un plan immobile, où l'un des Corps étant en repos, l'autre le viendroit frapper avec la fomme ou la différence des vîteffes.

Voyons maintenant la différence que la Dureté ou l'Elafticité des Corps caufe dans les effets du Choc.

Les Corps parfaitement Durs font ceux, dont les parties font inféparables & infléxibles ; & dont, par conféquent, la figure eft inaltérable.

Les Corps parfaitement Elaftiques font ceux, dont les parties, après avoir été pliées, fe redreffent, reprennent leur prémière fituation, & rendent aux corps fa prémière figure. Quant à la nature de cette Elafticité, nous n'entreprenons pas de l'expliquer ; il fuffit ici d'en connoître l'effet.

Je ne parle point des Corps Moûs, ni des Corps Fluides ; ce ne font que des amas de Corps Durs ou Elaftiques.

Lorsque

Lorsque deux Corps Durs fe rencontrent , leurs parties étant inféparables &
infléxibles , le Choc ne fauroit altérer que
leurs vîteffes. Les deux Corps fe preffent
& fe pouffent , jusqu'à ce que la vîteffe
de l'un foit égale à la vîteffe de l'autre.
*Les Corps Durs , après le Choc , vont
donc enfemble d'une vîteffe commune.*

Mais lorsque deux Corps Elaftiques
fe rencontrent , pendant qu'ils fe preffent
& fe pouffent , le Choc eft employé auffi
à plier leurs parties, & les deux Corps ne
demeurent appliqués l'un contre l'autre ,
que jusqu'à ce que leur reffort, bandé
par le Choc autant qu'il le peutêtre , les
fépare en fe débandant ; & les faffe s'éloi-
gner avec autant de vîteffe qu'ils s'appro-
choient: Car la vîteffe refpective des deux
Corps étant la feule caufe qui avoit bandé leur reffort , il faut que le débande-
ment reproduife un effet égal à celui ,
qui comme caufe avoit produit le bande-
ment : c'eft à dire une vîteffe refpective ,
en fens contraire , égale à la prémière.
La vîteffe refpective des Corps Elaftiques
eft

eſt donc , après le Choc , la même qu'auparavant.

Cherchons maintenant les Loix, ſelon lesquelles le Mouvement ſe diſtribue entre deux Corps qui ſe choquent , ſoit que ces Corps ſoient Durs , ſoient qu'ils ſoient Elaſtiques.

Nous déduirons ces Loix d'un ſeul Principe , & de ce même Principe nous déduirons les Loix de leur Repos.

PRINCIPE GENERAL.

Lors qu'il arrive quelque change-ment dans la Nature , la Quantité d'Ac-tion , néceſſaire pour ce changement , eſt la plus petite qu'il ſoit poſſible.

La Quantité d'Aſtion eſt le pro-duit de la Maſſe des Corps , par leur vî-teſſe & par l'eſpace qu'ils parcourent. Lorsqu'un Corps eſt tranſporté d'un lieu dans un autre , l'Action eſt d'autant plus grande , que la Maſſe eſt plus groſſe ; que la vîteſſe eſt plus rapide , que l'eſpa-ce , par lequel il eſt tranſporté , eſt plus long. *PRO-*

PROBLEME I.

Trouver les Loix du Mouvement des Corps Durs.

Soient deux Corps Durs , dont les Maſſes ſont A & B , qui ſe meuvent vers le même côté , avec les vîteſſes a & b : mais A plus vîte que B , en ſorte qu'il l'atteigne & le choque. Soit la vîteſſe commune de ces deux corps après le choc $= x < a$ & $> b$. Le changement arrivé dans l'Univers, conſiſte en ce que le corps A , qui ſe mouvoit avec la vîteſſe a , & qui dans un certain tems parcouroit un eſpace $= a$, ne ſe meut plus qu'avec la vîteſſe x , & ne parcourt qu'un eſpace $= x$: Le corps B , qui ne ſe mouvoit qu'avec la vîteſſe b , & ne parcouroit qu'un eſpace $= b$, ſe meut avec la vîteſſe x, & parcourt un eſpace $= x$.

Ce changement eſt donc le même qui ſeroit arrivé , ſi pendant que le corps A ſe mouvoit avec la vîteſſe a , & parcouroit l'eſpace $= a$, il eût été emporté en arrière ſur un plan immatériel, qui ſe

fût

fût mû avec une vîteſſe $a - x$, par un eſpace $= a - x$: & que pendant que le corps B ſe mouvoit avec la vîteſſe b , & parcouroit l'eſpace $= b$, il eût été emporté en avant ſur un plan immatériel, qui ſe fût mû avec une vîteſſe $x - b$, par un eſpace $= x - b$.

Or , que les corps A & B ſe meuvent avec des vîteſſes propres ſur les plans mobiles , ou qu'ils y ſoient en repos , le mouvement de ces plans chargés des corps, étant le même : les Quantités d'Action , produites dans la Nature , ſeront $A(a - x)^2$, & $B(x - b)^2$; dont la ſomme doit être la plus petite qu'il ſoit poſſible, On a donc

$$Aaa - 2Aax + Axx + Bxx - 2Bbx + Bbb = Minimum.$$

Ou :

$$-2Aadx + 2Axdx + 2Bxdx - 2Bbdx = 0.$$

D'où l'on tire pour la vîteſſe commune

$$x = \frac{Aa + Bb}{A + B}.$$

Dans ce cas , où les deux corps ſe meuvent du même côté , la quantité de mouvement détruite & la quantité produite , te , font égales : & la quantité totale de mouvement demeure , après le choc , la même qu'elle étoit auparavant.

Il eft facile d'appliquer le même raifonnement au cas, où les corps fe meuvent l'un vers l'autre : ou bien il fuffit de confidérer *b* comme négatif par rapport à *a* : & la vîteffe commune fera

$$x = \frac{A\,a - B\,b}{A + B}.$$

Si l'un des corps étoit en repos avant le choc, $b = o$; & la vîteffe commune eft

$$x = \frac{A\,a}{A + B}.$$

Si un corps rencontre un obftacle inébranlable , on peut confidérer cet obftacle comme un corps d'une Maffe infinie en repos : Si donc *B* eft infini , la vîteffe $x = o.$

Voyons maintenant ce qui doit arriver , lorsque les Corps font Elaftiques. Les Corps dont je vais parler , font ceux qui ont une parfaite Elafticité.

PRO-

PROBLEME II.

Trouver les Loix du Mouvement des Corps Elaſtiques ?

Soient deux Corps Elaſtiques, dont les Maſſes ſont A & B, qui ſe meuvent vers le même côté, avec les vîteſſes a & b; mais A plus vîte que B, enſorte qu'il l'atteigne & le choque : & ſoient α & β les vîteſſes des deux corps après le choc : la ſomme ou la différence de ces vîteſſes après le choc, eſt la même qu'elle étoit auparavant.

Le changement arrivé dans l'Univers, conſiſte en ce que le corps A, qui ſe mouvoit avec la vîteſſe a, & qui dans un certain tems parcouroit un eſpace $= a$, ne ſe meut plus qu'avec la vîteſſe α, & ne parcourt qu'un eſpace $= \alpha$: le corps B, qui ne ſe mouvoit qu'avec la vîteſſe b, & ne parcouroit qu'un eſpace $= b$, ſe meut avec la vîteſſe β, & parcourt un eſpace $= \beta$.

Ce changement eſt donc le même qui ſeroit arrivé, ſi pendant que le corps A ſe mouvoit avec la vîteſſe a, & parcou-

roit

roit l'efpace $= a$, il eut été emporté en arrière fur un plan immatériel, qui fe fût mû avec une vîteffe $a - \alpha$, par un efpace $= a - \alpha$: & que pendant que le corps B fe mouvoit avec la vîteffe b, & parcouroit l'efpace $= b$, il eut été emporté en avant fur un plan immatériel, qui fe fût mû avec une vîteffe $\beta - b$, par un efpace $= \beta - b$.

Or, que les corps A & B fe meuvent avec des vîteffes propres fur les plans mobiles, ou qu'ils y foient en repos; le mouvement de ces plans chargés des corps, étant le même : les Quantités d'Action, produites dans la Nature, feront $A(1-\alpha)^2$, & $B(b-\beta)^2$; dont la fomme doit être la plus petite qu'il foit poffible. On a donc

$$Aaa - 2Aa\alpha + A\alpha\alpha + Bbb - 2Bb\beta + B\beta\beta = Minimum.$$

Ou

$$-2Aada + 2Aad\alpha + 2B\beta d\beta - 2Bbd\beta = 0.$$

Or, pour les Corps Elaftiques, la vîteffe refpective étant, aprés le choc, la même qu'elle étoit auparavant; on a $\beta - \alpha = a - b$, ou $\beta = \alpha + a - b$, &

L

& $d\beta = d\alpha$: qui étant fubftitués dans l'Equation précédente , donnent pour les vîteffes

$$\alpha = \frac{Aa - Ba + 2Bb}{A + B} \ \& \ \beta = 2\frac{Aa - Ab + Bb}{A + B}.$$

Si les corps fe meuvent l'un vers l'autre , il eft facile d'appliquer le même raifonnement : ou bien il fuffit de confidérer b comme négatif par rapport à a , & les vîteffes feront

$$\alpha = \frac{Aa - Ba - 2Bb}{A + B} \ \& \ \beta = \frac{2Aa + Ab - Bb}{A + B}.$$

Si l'un des corps étoit en repos avant le choc, $b = o$; & les vîteffes font

$$\alpha = \frac{Aa - Ba}{A + B} \ \& \ \beta = \frac{2Aa}{A + B}.$$

Si l'un des corps eft un obftacle inébranlable , confidérant cet obftacle comme un corps B d'une Maffe infinie en repos ; on aura la vîteffe $\alpha = -a$: c'eft à dire, que le corps A rejaillira avec la même vîteffe qu'il avoit en frappant l'obftacle.

Si l'on prend la fomme des Forces vives,

vives , on verra qu'après le choc elle eſt la même qu'elle étoit auparavant : c'eſt à dire, que

$$A\,\alpha\,\alpha \;+\; B\,\beta\,\beta \;=\; A\,a\,a \;+\; B\,b\,b.$$

Ici la ſomme des Forces vives ſe conſerve après le choc ; mais cette conſervation n'a lieu que pour les Corps Elaſtiques , & non pour les Corps Durs. Le Principe général , qui s'étend aux uns & aux autres , eſt que *la Quantité d'Action , néceſſaire pour cauſer quelque changement dans la Nature , eſt la plus petite qu'il eſt poſſible.*

Ce Principe eſt ſi univerſel & ſi fécond qu'on en tire la Loi du Repos , où de l'Equilibre. Il eſt évident qu'il n'y a plus ici de différence entre les Corps Durs & les Corps Elaſtiques.

PROBLEME III.

Trouver la Loi du Repos des Corps.

Je conſidère ici les Corps attachés à

L 2

un

un Levier : & pour trouver le point, autour duquel ils demeurent en équilibre , je cherche le point, autour duquel, fi le Levier reçoit quelque petit mouvement , la Quantité d'Action foit la plus petite qu'il foit poffible.

Soit c la longueur du Levier , que je fuppofe immatériel , aux extrémités duquel foient placés deux Corps , dont les Maffes font A & B. Soit z la diftance du corps A au point cherché , & $c - z$ la diftance du corps B : il eft évident que , fi le Levier a quelque petit mouvement, les corps A & B décriront de petits Arcs femblables entre eux , & proportionels aux diftances de ces corps au point qu'on cherche. Ces Arcs feront donc les efpaces parcourus par les Corps , & repréfentent en même tems leurs vîteffes. La Quantité d'Action fera donc proportionelle au produit de chaque corps par le quarré de fon arc ; ou (puisque les arcs font femblables) au produit de chaque corps par le quarré de fa diftance du point , autour duquel

tourne

tourne le Levier , c'eft à dire , à Azz &
$B(c-z)^2$; dont la fomme doit être la plus
petite qu'il foit poffible.   On a donc
$$Azz + Bcc - 2Bcz + Bzz = Minimum.$$
$$Ou$$
$$2Azdz - 2Bcdz + 2Bzdz = 0.$$
$$D'où\ l'on\ tire$$
$$z = \frac{Bc}{A+B}.$$
Ce qui eft la Propofition fondamentale de
la Statique.

Accord
De différentes Loix de la Nature qui avoient jusqu'ici parû incompatibles.

ON ne doit pas exiger que les diffé-rens moyens, que nous avons pour augmenter nos connoiſſances, nous conduiſent aux mêmes vérités, mais il ſeroit accablant de voir que des propoſitions, que la Philoſophie nous donne comme des vérités fondamentales, ſe trouvaſſent démenties par les raiſonnemens de la Géometrie, ou par les calculs de l'Algèbre.

Un exemple mémorable de cette contradiction tombe ſur un Sujet des plus importans de la Phyſique.

Depuis le renouvellement des Sciences, depuis même leur prémière origine, on n'a fait aucune découverte plus belle que celle des loix que ſuit la Lumière ; ſoit qu'elle ſe meuve dans un milieu uniforme, ſoit

que

Ce Mémoire fut lû dans l'Aſſemblée publique de l'Academie R. des Sciences de France le 15. Avril 1744. & fut inſeré dans le Recueil de 1744.

que, rencontrant des corps opaques, elle foit fléchie par leur furface, foit que des corps diaphanes l'obligent de changer fon cours en les traverfant. Ces loix font les fondemens de toute la Science de la Lumière & des Couleurs.

Mais j'en ferai peut-être mieux fentir l'importance, fi, au lieu de préfenter un objet fi vafte, je m'attache feulement à quelque partie, & n'offre ici que des objéts plus bornés & mieux connûs; fi je dis, que ces loix font les principes fur lesquels eft fondé cet art admirable qui, lorsque dans le vieillard tous les organes s'affoibliffent, fait rendre à fon oeil fa prémière force, lui donner même une force qu'il n'avoit pas reçûe de la Nature; cet art qui étend nôtre vuë jusques dans les derniers lieux de l'efpace, qui la porte jusques fur les plus petites parties de la matière; & qui nous fait découvrir des objets dont la vuë paroiffoit interdite aux hommes.

Les loix que fuit la Lumière, lorsqu'elle fe meut dans un milieu uniforme, ou

L 4

qu'elle

qu'elle rencontre des corps qu'elle ne sauroit pénétrer, étoient connues des Anciens: celle qui marque la route qu'elle fuit, lorsqu'elle paſſe d'un Milieu dans un autre, n'eſt connue que depuis le Siécle paſſé; Snellius la découvrit; Descartes entreprit de l'expliquer, Fermat attaqua ſon explication. Depuis ce tems cette matière a été l'objet des recherches des plus grands Géomètres, ſans que jusqu'ici l'on ſoit parvenu à accorder cette Loi avec une autre que la Nature doit ſuivre encore plus inviolablement.

Voici les Loix que ſuit la Lumière.

La prémière eſt, que, *Dans un milieu uniforme, elle ſe meut en ligne droite.*

La ſeconde, que, *Lorsque la Lumière rencontre un Corps qu'elle ne peut pénétrer, elle eſt reflèchie; & l'Angle de ſa reflexion eſt égal à l'Angle de ſon incidence:* c'eſt à dire, qu'après ſa reflexion elle fait avec la ſurface du corps un angle égal à celui ſous lequel elle l'avoit rencontré.

La troiſième eſt, que, *Lorsque la Lumière*

mière paſſe d'un Milieu diaphane dans un autre , ſa route après la rencontre du nouveau Milieu , fait un angle avec celle qu'elle tenoit dans le prémier ; & le Sinus de l'angle de refraction eſt toûjours dans le même rapport au Sinus de l'angle d'incidence. Si , par exemple , un rayon de lumière paſſant de l'air dans l'eau s'eſt briſé de manière que le Sinus de l'angle de ſa refraction ſoit les trois quarts du Sinus de ſon angle d'incidence ; ſous quelqu'autre obliquité qu'il rencontre la ſurface de l'eau, le Sinus de ſa refraction ſera toûjours les trois quarts du Sinus de ſa nouvelle incidence.

La prémière de ces loix eſt commune à la Lumière & à tous les corps ; ils ſe meuvent en ligne droite , à moins que quelque force étrangère ne les en détourne.

La feconde eſt encore la même que fuit une Balle élaſtique lancée contre une ſurface inébranlable. La Méchanique dé‑ montre, qu'une Balle qui rencontre une telle ſurface , eſt refléchie par un Angle
égal

égal à celui fous lequel elle l'avoit rencon-
trée, & c'eft ce que fait la lumière.

Mais il s'en faut beaucoup que la troifiéme Loi s'explique auffi heureufement.
Lorsque la Lumière paffe d'un Milieu
dans un autre, les phénomènes font tout
différens de ceux d'une balle qui traverfe
différens Milieux ; & de quelque manière
qu'on entreprenne d'expliquer la Refraction,
on trouve des difficultés qui n'ont point
encore été furmontées.

Je ne citerai point tous les grands
hommes qui ont travaillé fur cette matière;
leurs noms feroient une lifte nombreufe qui
ne feroit qu'un ornement inutile à ce Mémoire, & l'expofition de leurs Syftèmes feroit un ouvrage immenfe : mais je redui-
rai à trois claffes toutes les explications que
ces Auteurs ont données de la Reflexion &
de la Refraction de la lumière.

La prémière claffe comprend les explications de ceux qui n'ont voulu déduire la
Refraction que des principes les plus fimples
& les plus ordinaires de la Méchanique.

La

La feconde comprend les explications qui, outre les principes de la Méchanique, fuppofent une Tendance de la Lumière vers les corps , foit qu'on la confidère comme une Attraction de la matière, foit comme l'effet de telle caufe qu'on voudra.

La troifiéme claffe, enfin, comprend les explications qu'on a voulu tirer des feuls principes métaphyfiques ; de ces loix aux quelles la Nature elle même paroît avoir été affujettie par une Intelligence fupérieure, qui dans la production de fes effets, la fait toûjours procéder de la manière la plus fimple.

Descartes & ceux qui l'ont fuivi, font dans la prémière claffe ; ils ont confidéré le mouvement de la lumière comme celui d'une Balle qui rejailliroit à la rencontre d'une furface qui ne lui cede aucunement ; ou qui , en rencontrant une qui lui cede , continueroit d'avancer, en changeant feulement la direction de fa route. Si la manière, dont ce grand Philofophe a tenté d'expliquer ces phénomènes , eft imparfaite, il a
toû-

toûjours le mérite d'avoir voulu ne les déduire que de la Méchanique la plus fimple.

Plufieurs Mathematiciens relevèrent
quelque paralogifme qui étoit échappé à
Descartes ; & firent voir le défaut de fon
explication.

Newton désefpérant de déduire les
phénomènes de la refraction de ce qui arrive à un corps qui fe meut contre des obftacles, ou qui eft pouffé dans des Milieux
qui lui refiftent différemment, eut recours
à fon Attraction. Cette Force répandue
dans tous les corps à proportion de leur
quantité de matière unefois admife, il explique de la manière la plus exacte & la
plus rigoureufe les phénomènes de la refraction. M. Clairaut dans un excellent
Mémoire qu'il a donné fur cette matière,
non feulement a mis dans le plus grand
jour l'infuffifance de l'explication Cartéfien-
ne, mais admettant une tendance de la Lumière vers les corps diaphanes, & la confidérant comme caufée par quelque atmo-
fphère qui produiroit les mêmes effets que
l'Attra-

l'Attraction, il en a déduit les phénomènes de la Refraction avec la clarté qu'il porte dans tous les fujets qu'il traitte.

Fermat avoit fenti le prémier le défaut de l'explication de Descartes; il avoit auffi désefpéré apparemment de déduire les phénomènes de la refraction de ceux d'une balle qui feroit pouffée contre des obftacles ou dans des Milieux réfiftants ; mais il n'avoit eu recours ni à des Atmosphères autour des corps , ni à l'Attraction , quoi qu'on fache que ce dernier principe ne lui étoit ni inconnu ni désagréable ; il avoit cherché l'explication de ces phénomènes dans un principe tout différent & purement métaphyfique.

Tout le monde fait, que, lorsque la Lumière ou quelque autre corps va d'un point à un autre par une ligne droite, ils vont par le chemin & par le tems-le plus court.

On fait auffi , ou du moins on peut facilement favoir, que, lorsque la lumière eft refléchie , elle va encore par le chemin le

plus

plus court & par le tems le plus promt. On démontre qu'une balle qui ne doit parvenir d'un point à un autre qu'après avoir été refléchie par un plan, doit, pour aller par le plus court chemin & par le tems le plus court qu'il foit poffible, faire fur ce plan l'angle de reflexion égal à l'angle d'incidence : que fi ces deux angles font égaux, la fomme des deux lignes par lesquelles la balle va & revient, eft plus courte & parcourue en moins de tems que toute autre fomme de deux lignes qui feroient des angles inégaux.

Voilà donc le mouvement direct & le mouvement refléchi de la Lumière, qui paroiffent dépendre d'une Loi métaphyfique qui porte, que *la Nature dans la production de fes effets agit toûjours par les moyens les plus fimples.* Si un corps doit aller d'un point à un autre fans rencontrer nul obftacle, ou s'il n'y doit aller qu'après avoir rencontré un obftacle invincible, la Nature l'y conduit par le chemin le plus court & par le tems le plus prompt.

Pour

Pour appliquer ce principe à la Refraction , confidérons deux Milieux péné-
trables à la Lumière , féparés par un plan
qui foit leur Surface commune: fuppofons
que le point , d'où un rayon de lumière
doit partir , foit dans un de ces Milieux,
& que celui, où il doit arriver , foit dans
l'autre ; mais que la ligne, qui joint ces
points , ne foit pas perpendiculaire à la
Surface des Milieux : pofons encore, par
quelque caufe que cela arrive , que la lumière fe meuve dans chaque Milieu avec
différentes vîteffes ; il eft clair, que la ligne droite, qui joint les deux points, fera
toûjours celle du plus court chemin pour
aller de l'un à l'autre , mais elle ne fera
pas celle du tems le plus court ; ce tems
dépendant des différentes vîteffes que la
Lumière a dans les différens Milieux, il
faut, fi le rayon doit employer le moins
de tems qu'il eft poffible, qu'à la rencontre de la furface commune il fe brife de
manière, que la plus grande partie de fa
route fe faffe dans le Milieu où il fe meut
le plus vîte, & la moindre dans le Milieu
où il fe meut le plus lentement.

C'eft

C'eſt ce que paroît faire la Lumière lorſqu'elle paſſe de l'air dans l'eau; le rayon ſe briſe de manière, que la plus grande partie de ſa route ſe trouve dans l'air, & la moindre dans l'eau. Si donc, comme il étoit aſſés raiſonnable de le ſuppoſer, la Lumière ſe mouvoit plus vîte dans les Milieux plus rares que dans les plus denſes , ſi elle ſe mouvoit plus vîte dans l'air que dans l'eau, elle ſuivroit ici la route qu'elle doit ſuivre pour arriver le plus promptement du point d'où elle part au point où elle doit arriver.

Ce fut par ce principe que Fermat reſolut le Problème , par ce principe ſi vraiſemblable , que la Lumière qui dans ſa propagation & dans ſa reflexion va toûjours par le tems le plus court qu'il eſt poſſible , ſuivoit encore cette même loi dans ſa refraction ; & il n'héſita pas à croire, que la Lumière ne ſe mût avec plus de facilité & plus vîte dans les Milieux les plus rares que dans ceux où, pour un même eſpace , elle trouvoit une plus grande quantité de matière : en effet,

pouvoit

pouvoit-on croire au premier aſpect que
la Lumière traverſeroit plus facilement &
plus vîte le Cryſtal & l'Eau que l'Air &
le Vuide ?

Auſſi vît-on pluſieurs des plus célèbres
Mathematiciens embraſſer le ſentiment de
Fermat ; Leibnitz eſt celui qui l'a le plus
fait valoir , & par ſon nom , & par une
analyſe plus élégante qu'il a donnée de ce
problème : il fut ſi charmé du principe
métaphyſique , & de retrouver ici ſes
Cauſes finales , auxquelles on ſait combien
il étoit attaché , qu'il regarda comme un
fait indubitable que la lumière ſe mouvoit
plus vîte dans l'air que dans l'eau ou dans
le verre.

C'eſt cependant tout le contraire ;
Deſcartes avoit avancé le premier , que la
Lumière ſe meut le plus vîte dans les Milieux les plus denſes ; & quoique l'explication de la Refraction , qu'il en avoit dédui-
te , fut inſuffiſante , ſon défaut ne venoit
point de la ſuppoſition qu'il faiſoit. Tous
les Syſtèmes qui donnent quelque explication

M

plau-

plaufible des phénomènes de la refraction,
fuppofent le paradoxe, ou le confirment.

Or ce fait pofé , que *La Lumière
fe meut le plus vîte dans les Milieux
les plus denfes* , tout l'edifice, que Fermat
& Leibnitz avoient bâti , eft détruit : la
Lumière, lorsqu'elle traverfe différens milieux , ne va ni par le chemin le plus
court, ni par celui du tems le plus promt;
le rayon qui paffe de l'air dans l'eau fai-
fant la plus grande partie de fa route
dans l'air, arrive plus tard que s'il n'y fai-
foit que la moindre. On peut voir dans
le Mémoire que M. de Mairan a donné
fur la Reflexion & la Refraction, l'hiftoire
de la difpute entre Fermat & Descartes,
& l'embarras & l'impuiffance où l'on a
été jusqu'ici pour accorder la Loi de la
refraction avec le principe métaphyfique.

En méditant profondément fur cette
matière , j'ai penfé que la Lumière, lorsqu'elle paffe d'un Milieu dans un autre,
abandonnant déja le chemin le plus court,
qui eft celui de la ligne droite , pouvoit

bien

bien auſſi ne pas ſuivre celui du tems le plus promt ; en effet , quelle préférence devroit-il y avoir ici du tems ſur l'eſpace ? la Lumière ne pouvant plus aller tout à la fois par le chemin le plus court , & par celui du tems le plus promt , pourquoi iroit elle plûtôt par l'un de ces chemins que par l'autre ? auſſi ne ſuit elle aucun des deux ; elle prend une route qui a un avantage plus réel : *Le chemin qu'elle tient eſt celui par lequel la Quantité d'action eſt la moindre.*

Il faut maintenant expliquer ce que j'entens par la quantité d'action. Lorsqu'un corps eſt porté d'un point à un autre, il faut pour cela une certaine Action : cette action dépend de la vîteſſe qu'a le corps & de l'eſpace qu'il parcourt , mais elle n'eſt ni la vîteſſe ni l'eſpace pris ſéparé- ment. La quantité d'action eſt d'autant plus grande que la vîteſſe du corps eſt plus grande , & que le chemin qu'il par- court eſt plus long ; elle eſt proportionel- le à la ſomme des eſpaces multipliés cha- cun par la vîteſſe avec laquelle le corps les parcourt. M 2 C'eſt

Comme il n'y a ici qu'un ſeul corps on fait abſtra- ction de ſa Maſſe.

C'eſt cela, c'eſt cette quantité d'action qui eſt ici la vraie dépenſe de la Nature, & ce qu'elle ménage le plus qu'il eſt posſible dans le mouvement de la lumière.

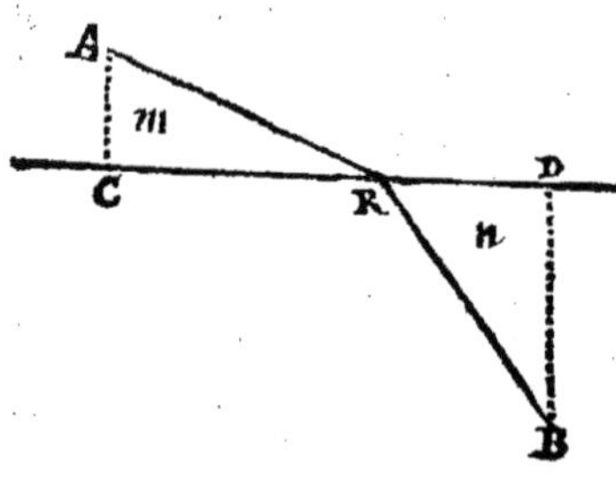

Soyent deux Milieux diffé- rents, ſéparés par une ſur- face repréſen- tée par la li- gne, CD tels que la vîteſſe de la Lumière dans le Mi- lieu qui eſt au deſſus, ſoit comme *m*, & la vîteſſe, dans le Milieu qui eſt au deſſous, ſoit comme *n*.

Soit un Rayon de Lumière qui, par- tant d'un point donné **A**, doit parvenir au point donné **B**: pour trouver le point R où il doit ſe briſer, je cherche le point où le Rayon ſe briſant, *la Quantité d'Ac- tion eſt la moindre :* & j'ay
m. AR $+$ *n.* RB qui doit être un *Minimum:*
Ou, ayant tiré ſur la Surface commu- ne des deux Milieux, les perpendiculaires AC, BD;

m

$$m \sqrt{(AC^2 + CR^2)} + n\sqrt{(BD^2 + DR^2)} = Min.$$

ou AC & BD étant conſtants

$$\frac{m.\, CR\, d\, CR}{\sqrt{(AC^2 + CR^2)}} + \frac{n.\, DR\, d\, DR}{\sqrt{(BD^2 + DR^2)}} = 0.$$

Mais, CD étant conſtant, on a dCR $= -$ dDR. On a donc

$$\frac{m.\, CR}{AR} - \frac{n.\, DR}{BR} = 0. \quad \&$$

$$\frac{CR}{AR} : \frac{DR}{BR} : : n : m.$$

c'eſt à dire : *Le ſinus d'incidence, au ſinus de refraction, en raiſon renverſée de la vîteſſe qu'a la Lumière dans châque Milieu.*

Tous les phénomènes de la Refraction s'accordent maintenant avec le grand principe, que *la Nature dans la production de ſes effets agit toûjours par les voies les plus ſimples.* De ce principe ſuit, que, *Lorsque la Lumière paſſe d'un Milieu dans un autre, le ſinus de ſon angle de refraction eſt au ſinus de ſon angle d'incidence en raiſon inverſe des vîteſſes qu'a la Lumière dans chaque Milieu.*

Mais

Mais ce fonds , cette Quantité d'action que la Nature épargne dans le mouvement de la Lumière à travers différens Milieux , le ménage-t-elle également lorsqu'elle est refléchie par des corps opaques
& dans sa simple propagation ? oui , cette
quantité est toûjours la plus petite qu'il
est possible.

Dans les deux cas de la reflexion &
de la propagation , la vitesse de la Lumière demeurant la même , la plus petite
Quantité d'action donne en même tems le
chemin le plus court , & le tems le plus
promt ; mais ce chemin le plus court &
le plûtôt parcouru n'est qu'une suite de la
plus petite Quantité d'action ; & c'est cette suite que Fermat & Leibnitz avoient
prise pour le principe.

Le vrai principe unefois découvert ,
j'en déduis toutes les loix que suit la Lumière , soit dans sa propagation , dans sa
reflexion , ou dans sa refraction.

Je connois la repugnance que plusieurs Mathematiciens ont pour les *Causes*
finales

finales appliquées à la Phyſique , & l'ap‑
prouve même jusqu'à un certain point ;
j'avoue que ce n'eſt pas ſans péril qu'on
les introduit : l'erreur où ſont tombés des
hommes tels que Fermat & Leibnitz en
les ſuivant , ne prouve que trop combien
leur uſage eſt dangereux. On peut cepen‑
dant dire que ce n'eſt pas le principe qui
les a trompés , c'eſt la précipitation avec
laquelle ils ont pris pour le principe ce
qui n'en étoit que des conféquences.

On ne peut douter que toutes cho‑
ſes ne ſoient réglées par un Etre ſuprème
qui , pendant qu'il a imprimé à la matiè‑
re des Forces qui dénotent ſa puiſſance ,
l'a deſtinée à exécuter des effets qui mar‑
quent ſa ſageſſe ; & l'harmonie de ces
deux attributs eſt ſi parfaite , que ſans dou‑
te tous les effets de la Nature ſe pourroient
déduire de chacun pris ſéparément. Une
méchanique aveugle & néceſſaire ſuit les
deſſeins de l'Intelligence la plus éclairée &
la plus libre ; & ſi nôtre eſprit étoit aſſés
vaſte , il verroit également les cauſes des
effets phyſiques, ſoit en calculant les pro‑
prietés

prietés des corps , foit en recherchant ce qu'il y avoit de plus convenable à leur faire exécuter.

Le prémier de ces moyens eft le plus à nôtre portée, mais il ne nous méne pas fort loin. Le fecond quelquefois nous égare, parceque nous ne connoiffons point affés quel eft le but de la Nature, & que nous pouvons nous méprendre fur *La Quantité* que nous devons regarder comme *fa Dépenfe* dans la production de fes effets.

Pour joindre l'étendue à la fûreté dans nos recherches , il faut employer l'un & l'autre de ces moyens. Calculons les mouvemens des corps , mais confultons auffi les deffeins de l'Intelligence qui les fait mouvoir.

Il femble que les anciens Philofophes ayent fait les prémiers effais de cette efpè-ce de Mathématique ; ils ont cherché des rapports métaphyfiques dans les proprietés des nombres & des corps ; & quand ils

ont

ont dit que l'occupation de Dieu étoit la Géométrie, ils ne l'ont entendu sans doute que de cette science qui compare les ouvrages de sa puissance avec les vûes de sa sagesse.

Trop peu Géometres pour l'entreprise qu'ils formoient, ce qu'ils nous ont laissé est peu fondé, ou n'est pas intelligible. La perfection qu'a acquise l'Art depuis eux, nous met mieux à portée de réussir & fait peut-être plus que la compensation de l'avantage que ces grands génies avoient sur nous.